GLI ALPINI

Testi: Gianni Albesi, Viola Autieri
Consulenza redazionale: Laura Aceti, Chiara Brizzolara, Francesca Chiapponi
Impaginazione: Donatella Bergamino
Ricerca iconografica: Giorgio Bergamino

Referenze iconografiche: 4° Reggimento Alpini Paracadutisti Ranger, ANA - sede nazionale, ANA - sezione di Brescia, ANA - sezione di Cogoleto, ANA - sezione di Cremona, ANA - sezione di Verona, Sara Capparotto, Fernando Cirulli, Sergio Coalova, Comando Truppe Alpine Bolzano, Compagnia Pionieri Orobica, Comune di Pozzoleone (VI), Patrick Denker, Esercito Italiano, Futura, giornale del Master in Giornalismo di Torino "Giorgio Bocca" - www.futura.to.it (Alpini in piazza Castello, p. 166) Gruppo Alpini C. Battisti Aviano, Gruppo Alpini Crognaleto, Gruppo Alpini di Roncegno, Gruppo Alpini Stresa, Gruppo Alpini Villabruna, Matteo Ianeselli, Luca Lorenzi, Giuseppe Marella, Massimiliano Mariani, Danilo Matteotti, Alessandro Nessenzia, Massimo Papazzoni, Patafisik, Pro Loco Volvera (TO).

Si ringraziano gli enti, le associazioni e tutte le persone che hanno messo a disposizione immagini di loro proprietà.

La Casa Editrice si è fatta parte diligente al fine di individuare eventuali aventi diritto in relazione alle immagini presenti nel testo. Rimane a disposizione per ogni evenienza.

Redazione Gribaudo
Via Garofoli, 266
37057 San Giovanni Lupatoto (VR)
redazione@gribaudo.it

Responsabile iniziative speciali: Massimo Pellegrino
Responsabile di produzione: Franco Busti
Responsabile di redazione: Laura Rapelli
Responsabile grafico: Meri Salvadori
Fotolito e prestampa: Federico Cavallon, Fabio Compri
Segreteria di redazione: Emanuela Costantini

FSC
www.fsc.org
MISTO
Carta da fonti gestite in maniera responsabile
FSC® C101934

Stampa e confezione: Grafiche Busti srl, Colognola ai Colli (VR), azienda certificata FSC®-COC con codice CQ-COC-000104

Socio Unico Giangiacomo Feltrinelli Editore srl
Via Andegari, 6 - 20121 Milano
info@gribaudo.it - www.gribaudo.it

Prima edizione: 2019 [4(I)] 978-88-580-2414-0

GLI ALPINI

I LUOGHI, I VALORI E L'EVOLUZIONE DELLE PENNE NERE DALLE ORIGINI A OGGI

GRIBAUDO

SOMMARIO

3. ALPINI IN GUERRA

6. APPENDICI

PRESENTAZIONE

Il Corpo degli Alpini, fin dalla sua fondazione nella seconda metà dell'Ottocento, ha avuto la caratteristica di esaltare il rapporto tra esercito e territorio, tipica di tutte le formazioni militari stanziali dell'epoca contemporanea. Tale valorizzazione è dipesa da un contatto strettissimo con le zone di montagna a nord del Paese, dove abitualmente avveniva il reclutamento, in seguito esteso anche agli Appennini centrali per la loro conformazione. Queste truppe da montagna seguivano un duro addestramento selettivo, mirato alla difesa dei confini naturali, che le ha formate come corpo combattente con qualità di efficienza, coraggio, abnegazione, senso del dovere e disciplina; qualità che hanno trovato modo di esprimersi anche tutte le volte che gli Alpini sono stati proiettati fuori dell'ambito specificatamente difensivo per il quale erano nati, facendone una realtà che è entrata a far parte dei casi più degni di nota della storia militare non solo d'Italia ma di tutto il mondo. Oggi, dopo l'abolizione della coscrizione obbligatoria, il Corpo degli Alpini si è trasformato in un'organizzazione di professionisti volontari che cerca tuttavia di conservare quanto di meglio ha espresso la storia del Paese da un punto di vista militare e civile.

Abbiamo voluto ripercorrere l'epopea del Corpo dalla prima guerra d'Africa – i cui disastri non dipesero certo dal comportamento degli Alpini che vi parteciparono – alla guerra di Libia e alla Grande Guerra contro l'Impero asburgico, dalla campagna per la conquista dell'Etiopia all'immane tragedia della Seconda guerra mondiale, in cui le incapacità dei ceti dirigenti del Paese si moltiplicarono all'ennesima potenza, mentre gli Alpini scrissero pagine di vera gloria anche se il destino non fu loro propizio. Oggetto della trattazione sono poi le vicende del Corpo dopo il 1945 e il suo impegno attuale all'interno e all'esterno dei confini nazionali, con cenni alla sua organizzazione; non manca un richiamo all'attività dell'Associazione Nazionale Alpini e ai raduni di massa che essa promuove, ormai entrati a far parte della cultura popolare italiana.

1 LE ORIGINI

COMBATTERE IN MONTAGNA

1 LE ORIGINI

COMBATTERE IN MONTAGNA

LE CONDIZIONI METEOROLOGICHE SPESSO ESTREME E LA SFAVOREVOLE CONFIGURAZIONE DEL TERRENO RENDONO LA GUERRA IN MONTAGNA UN TIPO DI COMBATTIMENTO PARTICOLARMENTE RISCHIOSO.

LA GUERRA IN MONTAGNA

La guerra in montagna, altrimenti nota come "guerra alpina", è senz'altro, visti il terreno ostile e le condizioni climatiche particolarmente avverse, uno dei tipi di combattimento tra i più rischiosi, ma l'importanza strategica delle catene montuose dal punto di vista militare impone a ogni Paese la necessità di dotarsi di truppe da montagna dall'addestramento specializzato. È il caso, per esempio, dei Royal Marines nel Regno Unito, degli Chasseurs Alpins in Francia e del Corpo degli Alpini in Italia.

Nel corso dei secoli e delle moltissime guerre che la storia riporta, le montagne, proprio per la loro conformazione naturale come ostacolo alle invasioni, sono state sfruttate innumerevoli volte per l'attacco o la difesa di punti strategici.

Lo storico greco Senofonte (IV secolo a.C.), per esempio, descrive nell'*Anabasi* la celebre ritirata dei 10.000 soldati greci reduci dalla battaglia di Cunassa (sulla riva sinistra del fiume Eufrate), combattuta dai fratelli Ciro e Artaserse II che si contendevano il trono persiano. Dopo la battaglia, l'esercito greco, schierato nelle file di Ciro, che cadde nello scontro, per riuscire ad arrivare sulle sponde del Mar Nero e da qui tornare in patria, fu costretto ad affrontare con grande tenacia e coraggio tutti i disagi che l'ambiente montano comportava: il gelo, la fame e le malattie, ai quali si aggiungevano le incursioni delle popolazioni locali. I soldati marciavano attraversando i valichi innevati senza mai fermarsi, temendo congelamenti agli arti e coprendosi gli occhi per non essere abbagliati dalla luce. Un nuovo esempio giunge a noi dal racconto dello storico romano Tito Livio, che nell'opera *Ab urbe condita* descrive l'attraversamento delle Alpi da parte di Annibale, nel 218 a.C, durante la Seconda guerra punica; si trattò di un'operazione parti-

UNA FRASE

«Thálassa! Thálassa!» *(Mare! Mare!) fu il grido che lanciarono i Diecimila guidati da Senofonte, quando arrivarono finalmente sulla costa del Mar Nero, dopo aver attraversato le montagne dell'Anatolia e combattuto contro molte popolazioni ostili.*

colarmente insidiosa, perché si svolse a 3.000 metri di quota, con elefanti e numerosi carri trainati da cavalli. Anche Giulio Cesare trattò il tema della guerra in montagna e delle strategie da mettere in atto nei suoi *Commentarii de bello gallico*.

Alessandro Magno, invece, per combattere sui terreni più impervi si affidava agli Agriani, una tribù dell'odierna Serbia meridionale. Gli antichi, infatti, per i combattimenti ad alta quota utilizzavano una strategia che avrebbe poi avuto un seguito anche in epoca più moderna: sceglievano, cioè, di affidarsi a popolazioni che conoscessero bene il territorio, in modo da ridimensionarne gli ostacoli. **Per questo motivo, all'epoca di Augusto, nacque una prima struttura sommaria e incompiuta di truppe alpine:** la *Cohors Ligurum*, un'unità ausiliaria per il combattimento ad alta quota posizionata sulle Alpi marittime.

Seguendo questo esempio, successivamente vennero istituite la *Prima*, la *Secunda* e la *Tertia alpina*, tre legioni di veterani che avevano la funzione di presidiare le posizioni occupate lungo creste e valichi. Le legioni venivano appoggiate da unità ausiliarie (*Cohortes montanorum*), selezionate sul posto e composte da arcieri (*sagittarii*) e cacciatori (*venatores*).

UNA DATA

218 a.C. *È l'anno del passaggio delle Alpi da parte dell'esercito di Annibale, che combatté per oltre venti giorni con le bellicose popolazioni alpine.*

I DIECIMILA

I Diecimila di Senofonte incalzati dai nemici mentre attraversano le montagne dell'Anatolia durante la famosa ritirata dalla Persia. Dipinto del pittore francese Adrien Guignet, esposto al Museo del Louvre.

GUERRE IN MONTAGNA DOPO L'ANTICHITÀ

«Vi esorto a non mettere inutilmente a repentaglio le vostre vite attaccando a fondo i barbari in campo aperto, ma di appostarvi pronti all'imboscata in queste zone scoscese, aspettando che arrivino e le attraversino: allora attaccateli con vigore e combattete con coraggio». Con queste parole il generale bizantino Leone Foca il Giovane esortò i suoi uomini che stavano per scontrarsi con l'esercito arabo guidato da Sayf al-Dawla, emiro di Aleppo, ad Andrassos, sulle montagne del Tauro, nel 960.

Sembra che lo stesso Foca sia stato l'autore del *De velitatione bellica*, un'opera nella quale si elencavano i metodi da impiegare contro gli avversari proprio sui terreni montani. Dopo la caduta dell'Impero romano d'Occidente i Bizantini combatterono molte battaglie in Anatolia per contrastare l'espansione araba che arrivò addirittura ad assediare Costantinopoli. Gran parte degli scontri, come quello di Andrassos, fu combattuta sui passi montani, il cui possesso permetteva alle forze imperiali di controllare e, se possibile, fermare l'avanzata degli eserciti nemici.

Altro esempio è quello delle lotte dei montanari svizzeri, riuniti in alleanze cantonali, contro le forze degli Asburgo. In quel

CONTRO I GUERRIGLIERI
Scontri fra truppe russe e guerriglieri islamici a Gunib, sulle montagne del Dagestan, nel 1869, in un dipinto del pittore russo Ivan Aivazovsky.

territorio montuoso, dove l'allevamento e la pastorizia non necessitavano della presenza diretta del pastore o dell'allevatore, nacquero delle milizie che sarebbero diventate per alcuni secoli le più forti unità di fanteria in Europa, imitazioni delle antiche falangi greco-macedoni, che si sarebbero offerte come truppe mercenarie a re e principi dell'epoca.

Il clima estremo della montagna ha caratterizzato naturalmente anche le guerre tra svedesi e russi, nel Nord Europa, du-

APPROFONDIMENTO

GLI ALPINI DI ALESSANDRO. *Nel 327 a.C., sulle montagne del Koh-i-Noor, nell'antica Sogdiana (fra Uzbekistan e Tagikistan), gruppi di ribelli avevano trovato rifugio in una fortezza naturale che, secondo gli abitanti del luogo, sembrava inespugnabile. Quando Alessandro invitò i loro capi a parlamentare offrendo un salvacondotto in cambio della resa, essi si limitarono a deriderlo dicendogli di cercarsi dei soldati che fossero in grado di volare. Alessandro, non sopportando di essere schernito, invitò i montanari del luogo a unirsi alle sue truppe offrendo loro, se avessero scalato la parete di quella montagna, un ricchissimo premio. Trecento scalatori, muniti di funi di lino e picchetti di ferro, si arrampicarono e, quando guadagnarono la vetta, Alessandro invitò i ribelli a guardare i suoi soldati volanti.*

● GUERRE NEL CAUCASO

In questo dipinto del pittore russo Ivan Fyodorovich Alexandrovsky si può vedere un accampamento dell'esercito russo attendato in alta montagna nel corso della guerra caucasica del 1859.

● UN SANGUINOSO AGGUATO NELLE GOLE DEL SIRI BOLAN

Al centro. La fiera e ardita tribù dei Beluci blocca le truppe inglesi, mentre percorrono una delle gole del valico del Siri Bolan, in Afghanistan. Disegno di James Atkinson (1842).

rante le quali i Cosacchi misero a punto una serie di tecniche per sopravvivere al gelo della steppa. Queste strategie assumeranno un ruolo rilevante anche nella cosiddetta insorgenza tirolese del 1809, durante la campagna d'Italia di Napoleone Bonaparte.

Una vittoria davvero prodigiosa fu quella dell'esercito argentino, guidato dal generale José de San Martín che, nel 1817, durante la traversata delle Ande, riuscì a combattere efficacemente a un'altezza di circa 5.000 metri.

Anche nel corso dell'Ottocento non mancarono le battaglie in alta montagna, come per esempio nel Caucaso e nell'Hindu Kush. Nel Caucaso, in particolare, i Circassi tentarono una disperata resistenza all'esercito russo, il cui fallimento portò inevitabilmente all'occupazione zarista di quelle zone.

Un altro grande esempio di resistenza fu quella degli afghani in Asia centrale, che riuscirono a respingere i Corpi di spedizione britannici costringendoli, nel 1842, a una rovinosa quanto inaspettata ritirata, con molti morti per assideramento.

Nonostante i vari e numerosi esempi di combattimenti in alta quota che la storia ci riporta, fu solo verso la fine del XIX secolo che vennero costituite ufficialmente le prime truppe di montagna: nel 1872, il Corpo degli Alpini in Italia; nel 1888, i *Bataillons Alpins de Chasseurs à Pied* francesi; nel 1906, le austroungariche

UNA DATA

1842. *Gli Inglesi abbandonano Kabul, diretti verso l'Hindu Kush, dove affrontano i rigori dell'inverno afghano e gli assalti delle tribù locali.*

CHASSEURS ALPINS

Chasseurs Alpins *nel 1890. Due Corpi d'Armata difendevano le Alpi: il 14° Corpo d'Armata di Lione e il 15° Corpo d'Armata di Nizza.*

Kaiserlich und Königlich Gebirgstruppe e, infine, nel 1915, gli *Alpenkorps* tedeschi.

● I DIAVOLI BLU

Soldato francese delle truppe di montagna chiamate Les Diables Bleus, *«Diavoli blu».*

LO SVILUPPO DEI PRIMI CORPI DI TRUPPE DA MONTAGNA

La formazione dei primi Corpi di truppe da montagna portò a una novità nel rapporto tra l'esercito e il territorio, alla tutela del quale esso era preposto. Rispetto ad altre unità militari, nel Corpo degli Alpini, e ugualmente nelle analoghe formazioni delle altre forze armate che operavano in Europa, questo rapporto fu reso più stretto, aumentando le capacità operative delle truppe anche in ambiti diversi da quelli per i quali il Corpo stesso era nato.

ALPINI FRANCESI

Già nel 1788, nelle vallate francesi delle Alpi venivano spesso reclutati montanari che contrastassero le incursioni provenienti dalle regioni italiane. I primi battaglioni di truppe di montagna si formarono alla fine del XIX secolo, quando nacquero i già citati *Bataillons Alpins de Chasseurs à Pied*. Fu in questo periodo che nacquero uffi-

● VOLONTARI DEL CADORE

Nel 1848, un'armata di circa 4.600 volontari portò tra le montagne la guerriglia contro gli Austriaci; essa era stata creata dal patriota risorgimentale Pier Fortunato Calvi che venne inviato nel Cadore proprio per questo scopo da Daniele Manin, allora presidente dell'autoproclamata Repubblica di San Marco a Venezia.

TRUPPE FRANCESI

Ufficiali delle truppe alpine francesi durante le operazioni nell'Alto Atlante, in Marocco. I militari indossano le divise degli Chasseurs Alpins.

cialmente anche gli Alpini francesi, i Diavoli blu (*Les Diables bleus*), il cui nome richiama il colore della loro divisa. A partire dal 1861, quando nacque ufficialmente il Regno d'Italia, la "minaccia italiana" si fece più temibile e, come affermò in quegli anni un deputato francese, gli *Chasseurs* furono investiti del compito di «contrastare quella milizia italiana di recente costituzione che scorrazza lungo il confine». **La nascita delle truppe di montagna venne stabilita ufficialmente da una legge emanata il 24 dicembre del 1888** che prevedeva la formazione di 12 battaglioni di *Chasseurs Alpins*, che indossavano un basco blu piuttosto ampio, la *tarte*. Durante la Prima guerra mondiale, queste truppe furono impiegate nel dipartimento della *Somme* e lungo lo *Chemin des Dames*, mentre i due *Bataillons de Chasseurs Alpins* 46 e 47 presero parte, nel novembre del 1917, agli scontri sul fronte italiano. Nel corso della Seconda guerra mondiale,

APPROFONDIMENTO

LE GUERRE DI MONTAGNA DEI ROMANI. *Sia la Repubblica, prima, sia l'Impero, poi, con Augusto, dovettero combattere contro le popolazioni di montagna della Penisola, che si opponevano all'espansione romana. Contro i Sanniti sugli Appennini centrali e meridionali (con la denominazione di Sanniti ci si riferiva a tribù molto diverse tra loro), contro i Liguri (che abitavano un'area molto più vasta dell'odierna Liguria, estesa fino alla Francia sudorientale), in particolare contro gli Apuani, contro gli Ingauni, gli Intemeli, gli Statielli o i Salassi, contro i Reti e i Vindelici verso le Alpi centro-rientali, Roma incontrò molte difficoltà e dovette impiegare notevoli forze per aprirsi la via delle Gallie e controllarla in modo stabile. Subì anche sconfitte pesanti, come quella del 186 a.C. per mano degli Apuani, che annientarono alcune migliaia di legionari in una località chiamata* Saltus Marcius, *ancora oggi non identificata (forse l'attuale Marciaso o forse l'area delle gole di Seravezza). L'esperienza di queste guerre fu molto importante per formare la capacità delle legioni di affrontare i territori montani.*

sulle montagne adiacenti al passo del Moncenisio, alcuni reparti di *Chasseurs*, circondati dagli italiani, opposero una strenua resistenza per circa dieci giorni; quando lo scontro finalmente terminò, le truppe italiane concessero loro l'onore delle armi.

TRUPPE DA MONTAGNA AUSTRIACHE

Le truppe da montagna austriache della *Kaiserlich und Königliche Landwehr* traggono le loro origini da tre reggimenti di *Landesschützen* (fucilieri regionali), all'inizio reclutati prevalentemente nel Tirolo. I membri portavano come distintivo la stella alpina: scelta nel 1907 come simbolo dall'imperatore Francesco Giuseppe I, era ricamata sulle mostrine dei baveri delle uniformi di soldati e ufficiali.

ALPENKORPS

Con il termine *Alpenkorps* si indicavano le truppe da montagna tedesche, utilizzate durante la fase iniziale della Grande Guerra lungo il confine alpino italo-austriaco, in modo particolare sul fronte delle Dolomiti, a sostegno delle

● TRUPPE RUSSE

Stampa conservata alla British Library, raffigurante le truppe russe impegnate nell'attraversamento dei monti Carpazi, durante la Prima guerra mondiale.

● LANDESSCHÜTZEN

Al centro. Alcuni membri dei Landesschützen, *il Corpo di Fanteria leggera dell'esercito austriaco, primo nucleo delle truppe da montagna dell'Impero asburgico (1906).*

IL PASSAGGIO DELLE ALPI

L'IMPRESA DI ANNIBALE NEL 218 A.C.

1

L'ESERCITO CARTAGINESE, GUIDATO DA ANNIBALE, FU IL PRIMO CONTINGENTE MILITARE ORGANIZZATO A INVADERE L'ITALIA ATTRAVERSO LE ALPI E, ALCUNI ANNI PIÙ TARDI, LA STESSA IMPRESA FU CONDOTTA DAL FRATELLO DEL CONDOTTIERO, ASDRUBALE. QUALCHE SECOLO DOPO, FURONO LE POPOLAZIONI BARBARICHE A SUPERARE I PASSI ALPINI PER GIUNGERE IN ITALIA.

● ANNIBALE PASSA LE ALPI

Così Tito Livio, nella sua Ab Urbe condita, *racconta l'impresa di Annibale: «Il nono giorno giunsero sul valico delle Alpi, attraverso paesaggi per lo più inaccessibili e con deviazioni causate [...] da inganno delle guide [...]. Si pose il campo sul valico per due giorni e vi si diede riposo alle truppe stanche del cammino e dei combattimenti [...]».*

Quella realizzata da Annibale, a partire dalla fine di settembre del 218 a.C., fu la prima traversata delle Alpi da parte di un grande esercito. L'aspetto eccezionalmente avventuroso dell'operazione impone che le si dedichi attenzione. Le truppe del generale cartaginese vennero raccolte e organizzate nei domini africani in Spagna e non erano particolarmente preparate alle difficoltà dell'impresa, che andavano da quelle climatiche a quelle logistiche fino a quelle più strettamente militari. Le fonti storiche parlano di 90.000 fanti, 12.000 cavalieri e 37 elefanti. Lo scopo di Annibale era di sorprendere i Romani prima che scatenassero un attacco in Spagna, dopo il quale avrebbero investito direttamente e decisivamente Cartagine. Egli contava anche sulla ribellione dei popoli italici, sottomessi da non molto tempo al dominio di Roma. Il piano non era irrealistico visto che le tribù celtiche dei Boi e degli Insubri, venute a sapere dell'avanzata cartaginese nella Gallia Transalpina, si armarono contro i Romani cacciando i coloni da Piacenza e da Modena. Annibale si diresse verso le Alpi seguendo le vallate del Rodano e dell'Isère e più si allontanava dal mare e meno probabilità c'erano di scontrarsi con i Romani prima di giungere in Italia. Alla confluenza dei due fiumi abitavano gli Allobrogi, con i quali Annibale riuscì a raggiungere

● UNA CURIOSITÀ

Marmont, un generale di Napoleone, fece smontare i cannoni che furono trasportati all'interno di tronchi d'albero appositamente scavati e utilizzando slitte a rulli.

● NAPOLEONE SUL SAN BERNARDO

Bonaparte valica le Alpi. *Nel dipinto di Paul Delaroche del 1848-1850 Napoleone percorre, a dorso di mulo, i sentieri innevati del passo del Gran San Bernardo con l'aiuto di una guida alpina. Giunto a valle, affronterà gli eserciti della Seconda Coalizione.*

a un accordo, ricavandone rifornimenti in cibo e vestiario per affrontare il clima gelido verso il quale si muoveva. Quanto più l'armata cartaginese proseguiva, tanto più era sopraffatta dall'imponenza delle montagne che si profilavano e l'idea di attraversarle diffondeva tra gli uomini sensazioni di terrore.

SULLE ALPI

Dopo nove giorni di marcia e scontri con le tribù che incontrava a mano a mano, Annibale giunse al valico per passare le Alpi. L'esercito si fermò nei suoi pressi per due giorni, sorpreso anche da una nevicata. Riprese poi la marcia, sebbene la discesa fosse più aspra e difficile rispetto alla salita, in quanto la strada sul versante italico era più scoscesa rispetto a quella del lato gallico, con grande rischio di precipitare nei dirupi sottostanti. Presto il freddo e la fatica si fecero sentire sia per gli uomini sia per gli animali, acclimatati al sole della costa spagnola e non sufficientemente attrezzati per una traversata a tali altezze. Infine, l'esercito punico raggiunse la Pianura Padana prima che le nevi bloccassero il passaggio. Dopo mille difficoltà, Annibale riuscì a mantenere quell'effetto sorpresa che voleva ottenere nei confronti dei Romani. Raggiunta la pianura, l'esercito, seppur dimezzato, si riorganizzò e di lì a poco vinse le battaglie contro i Romani prima sul Ticino e poi lungo la Trebbia. L'impresa di Annibale fu la prima di una serie storica di invasioni che si protrassero nei secoli fino all'Ottocento, quando toccò a Napoleone, che diede così inizio alla Campagna d'Italia. Sui percorsi effettivi dell'esercito cartaginese si sono fatte più ipotesi: la più accreditata, quella del passaggio sul Col de Traversette, un valico a 3.000 metri nei pressi del Monviso, ha trovato un primo importante riscontro nel 2016, quando alcuni scienziati hanno scoperto tracce di sterco di cavallo compatibili con il passaggio dell'esercito di Annibale.

I RUSSI SULLE ALPI

Guerra nelle Alpi fra Francesi e Russi nel 1799: il generale russo Aleksandr Suvorov, per sottrarsi all'accerchiamento delle truppe napoleoniche, affronta il passaggio delle Alpi verso nord. L'esercito russo sulla neve è magistralmente rappresentato in un famoso dipinto del pittore russo Vasilij Ivanovič Surikov.

forze austroungariche. Nell'ottobre del 1917 esse svolsero un ruolo di grande importanza nella battaglia di Caporetto, contribuendo alla disastrosa sconfitta italiana (in quest'azione si distinse un giovane ufficiale che sarebbe poi divenuto feldmaresciallo nella Seconda guerra mondiale: Erwin Rommel).

L'impiego di questo Corpo ricordava sotto molti aspetti quello degli Alpini italiani. **Esso nacque con il reclutamento, per lo più in Baviera, di quattro *Schneeschuh Bataillon* (Battaglioni racchette da neve).** Già verso la metà del 1915, lo Stato Maggiore del Kaiser ritenne di costituire con tali unità un reggimento di "cacciatori" e verso la fine dell'anno ne furono organizzati altri che, con l'aggiunta di artiglieria, mitragliatrici e altre unità di supporto, costituirono l'*Alpenkorps* vero e proprio, che operò prima a Verdun, quindi nei Balcani, a Salonicco e contro la Romania. Dopo il 1918, l'*Alpenkorps* fu sciolto in ottemperanza alle clausole del trattato di Versailles. Solo più tardi furono costituite le *Gebirgs-Divisionen* (divisioni da montagna), che agirono tra il 1939 e il 1945.

UNA CURIOSITÀ

Il generale russo Suvorov, incalzato in Svizzera dalle truppe francesi, fece iniziare la salita verso il passo del Panix, a 2.407 metri. Sulla cima, per far rifocillare la truppa, ordinò di utilizzare le lance dei Cosacchi per accendere il fuoco e preparare del tè.

L'ESERCITO DAL REGNO DI SARDEGNA AL REGNO D'ITALIA

Il Ducato di Savoia nacque nel 1416 quando la Contea di Savoia venne elevata al rango ducale e unita al Principato di Piemonte; la nuova entità politica si dotò ovviamente anche di un esercito. Nel Seicento la politica estera dei Savoia, anche alla luce degli avvenimenti che accadevano in Europa, sconvolta dalla Guerra dei trent'anni, subì dei marcati mutamenti. Nella prima metà del secolo, l'esercito piemontese subì una prima riorganizzazione continuando, tuttavia, a essere composto per lo più da reggimenti reclutati dai nobili per conto del duca, da altri composti da mercenari e da altri ancora formati da protestanti francesi, chiamati "religionari".

Fu nella seconda meta del XVII secolo, precisamente nel 1685, che si ebbero le due più importanti riforme: la creazione del Corpo dei Granatieri e, anticipando molto i tempi rispetto alla maggior parte degli eserciti europei, anche l'abolizione dei Picchieri.

Nel 1815, Vittorio Emanuele I decise di riorganizzare l'esercito piemontese, costituendo 10 brigate di fanteria, supportate da cavalleria e artiglieria, che vennero inquadrate in due ampi Corpi d'Armata, ciascuno ripartito in due divisioni distinte, unite a una di riserva. Nel 1861, poi, il neonato Stato italiano decise di accorpare l'esercito piemontese a quelli esistenti prima dell'unità.

ALPENKORPS

Truppe da montagna tedesche, utilizzate durante la fase iniziale della Prima guerra mondiale, lungo il confine alpino tra l'Italia e l'Austria, in modo particolare sul fronte delle Dolomiti.

GRANATIERI DI SARDEGNA

A sinistra. Granatieri del Regno di Sardegna combattono contro i Francesi durante la battaglia dell'Assietta, avvenuta il 17 luglio del 1747. Il Corpo era stato fondato nel 1659 dal duca Carlo Emanuele II di Savoia.

UNA DATA

Agosto 1877. *Battaglia sui monti Balcani per la conquista del passo di Shipka, durante la guerra russo-turca (1877–1878).*

CONQUISTA DEI PASSI

La conquista di un passo di montagna è spesso determinante per l'esito di una guerra: per ottenere questo risultato, i comandanti più volte non esitano a ordinare ripetuti assalti, sacrificando anche molti dei loro soldati.

Ne scaturirono, quindi, ben cinque Corpi d'Armata, che comprendevano 320.000 soldati e 11.000 ufficiali, provenienti da tutta Italia, raggruppati in 18 divisioni.

LA CREAZIONE DI UN NUOVO CORPO: GLI ALPINI

Il problema di difendere i confini sorse, per il Regno d'Italia, dopo la guerra con l'Austria del 1866, quando vennero acquisiti nuovi territori. Le linee di confine passavano sulle Alpi e sulle Dolomiti e, quindi, tutte in montagna, con molte zone addirittura di alta montagna. Si iniziò allora a pensare seriamente alla costituzione di reparti specializzati per la guerra in montagna.

Il precursore fu Alessandro Lamarmora che fin dal 1831 pensava alla costituzione di reparti di tiratori da montagna e che, cinque anni dopo, l'8 giugno del 1836, fondò il famoso Corpo militare dei Bersaglieri. Egli, infatti, riteneva che fosse indispensabile abituare i combattenti alle fatiche della montagna organizzando grandi esercitazioni sui monti, tanto che le due prime compagnie del nuo-

APPROFONDIMENTO

A GUARDIA DEI PASSI. *Scopo degli Alpini, nelle fasi iniziali della loro costituzione, fu quello di tutelare i valichi montani al confine con l'Impero austroungarico. Se alcuni passi potevano essere sorvegliati facilmente, per altri non ci si poteva affidare a normali pattugliamenti. Questo fu il motivo per il quale si cominciarono a studiare sistemi di fortificazione e se ne intraprese la costruzione. Gli Alpini, a poco a poco, ebbero a disposizione strutture che, rispetto a quelle asburgiche, si rivelarono particolarmente efficienti allo scoppio della Prima guerra mondiale.*

vo Corpo effettuarono marce da Susa a Briançon, da Exilles al forte dell'Esseillon, in Savoia, ritornando attraverso il Fréjus, e altre; di fatto, però, i Bersaglieri furono impiegati in pianura. Per costituire un Corpo di soldati specializzati appositamente nella guerra in montagna si dovette aspettare un giovane ufficiale di Stato Maggiore, il capitano Giuseppe Perrucchetti.

LA RIFORMA RICOTTI E LE PRIME COMPAGNIE PERMANENTI

Valutato interessante il suggerimento del Perrucchetti (*vedi* p. 27), nel 1872 il generale Ricotti Magnani incluse nella sua riforma la costituzione di 15 nuove "compagnie permanenti" reclutate su base regionale; ogni membro della compagnia venne armato con il fucile

● DALLA NASCITA A OGGI

Evoluzione del Corpo degli Alpini attraverso la progressiva trasformazione dei cappelli, in un disegno di Gianni "Nane" Ainardi.

● MULI E ALPINI

A sinistra. 5° Reggimento Alpini, 55ª Compagnia: illustrazione da una cartolina commemorativa (1905).

GIUSEPPE PERRUCCHETTI

L'IDEATORE DEL CORPO DEGLI ALPINI

«IO VORREI DIVIDERE LA ZONA ALPINA IN TANTI SETTORI, CIASCUNO DEI QUALI DOVREBBE, A SECONDA DELLE ESIGENZE DELLA DIFESA, COMPRENDERE UNA O DUE VALLATE [...]. LE FORMAZIONI MILITARI, RECLUTATE IN LOCO, FORMEREBBERO L'UNITÀ DIFENSIVA DEL MEDESIMO SETTORE O DISTRETTO.» DA QUESTI PENSIERI DEL CAPITANO GIUSEPPE PERRUCCHETTI NACQUE L'IDEA DI ISTITUIRE IL CORPO DEGLI ALPINI.

● ONORIFICENZE SUL CAMPO DI BATTAGLIA

Giuseppe Perrucchetti fu decorato con la medaglia d'argento al valor militare per il coraggio che dimostrò durante la battaglia di Custoza (1866).

Figlio di un noto architetto e di una cugina di Alessandro Manzoni, Giuseppe Perrucchetti nacque a Cassano d'Adda, in provincia di Milano, il 13 luglio del 1839; avviato agli studi di architettura, a vent'anni fuggì dalla Lombardia, a quel tempo assoggettata all'Austria, e si recò nel Piemonte libero dove intraprese la carriera militare. Con i suoi fratelli partecipò alle lotte risorgimentali combattendo come volontario, nel 1859, nella Seconda guerra d'indipendenza; nel 1861, divenne sottotenente di fanteria e combatté a Custoza ottenendo una medaglia d'argento al valor militare e il grado di capitano. Passò poi allo Stato Maggiore e, nel 1872, diventò insegnante di geografia militare presso la Scuola di Guerra di Torino dove rimase fino al 1885. Studioso di storia, Perrucchetti conosceva bene i nostri confini avendo, in precedenza, effettuato

● **TENENTE GENERALE**

Giuseppe Perrucchetti in una fotografia con la divisa di tenente generale e indosso le numerose onorificenze.

● **UNA FRASE**

La decorazione fu conferita «pel molto coraggio e per l'intelligente iniziativa con cui esponendosi senza riguardo al fuoco, secondava il Capo di Stato Maggiore sul campo di battaglia e riuniva ed incoraggiava i soldati in vari attacchi».

numerose ricognizioni sui passi dello Spluga e dello Stelvio e avendo letto le gesta delle legioni romane (I, II e III *Legio Alpina Julia*), che sulle Alpi difendevano l'Impero dai barbari; egli conosceva anche l'organizzazione delle milizie paesane di Emanuele Filiberto e dei *Landesschützen* tirolesi, nonché dei volontari raccolti nel 1848, in Cadore, da Pier Fortunato Calvi.

L'ARTICOLO SULLA "RIVISTA MILITARE"

Un contributo importante alla formazione del Corpo degli Alpini fu dato, nel marzo del 1872, proprio da Perrucchetti che scrisse un articolo sulla "Rivista Militare" intitolato *Considerazioni sulla difesa di alcuni valichi alpini e proposta di un ordinamento militare territoriale della zona alpina*; essa fu anche agevolata dall'interessamento del Ministro della Guerra, il generale Cesare Francesco Ricotti Magnani. Perrucchetti fu poi precettore di Emanuele Filiberto di Savoia-Aosta, detto il "duca invitto" durante la Prima guerra mondiale, quando comandò la Terza Armata. Curiosamente, il Perrucchetti non fece mai parte del Corpo degli Alpini. Altrettanto stranamente, gli Alpini ricevettero il "battesimo del fuoco" non tra le montagne italiane, bensì in terra d'Africa con la battaglia di Dogali, nel 1887.

● **A RICORDO DEL PADRE DEGLI ALPINI**

Un'immagine del massiccio del Bernina, lungo la linea di confine tra Italia e Svizzera. Una delle vette secondarie è la Punta Perrucchetti (4.020 metri), detta anche la "Spedla", intitolata alla memoria del generale e padre degli Alpini omonimo.

LA RIFORMA RICOTTI

Grazie a un acuto stratagemma politico, il generale Ricotti Magnani sancì l'istituzione delle prime 15 compagnie alpine inserendole tra gli allegati del Regio Decreto n. 1056 del 15 ottobre del 1872 sul riordinamento dei distretti militari.

MADONNA DELLE NEVI

A pochi anni dalla nascita del Corpo, gli Alpini sapevano già fare di tutto: l'immagine in alto mostra come, in questo caso, fossero stati utilizzati per trasportare in vetta a una montagna, alta 3.500 metri, una statua della Madonna delle nevi.

UNA DATA

1852. *Anno di nascita dei soldati della leva '52 (obbligatoria dal 1861) impiegati al momento della formazione delle prime 15 compagnie alpine.*

Vetterli mod. 1870; inoltre, a ciascuna di esse vennero assegnati un mulo e una carretta, utili al trasporto di viveri e altre merci. Inizialmente queste truppe mantennero la stessa divisa della fanteria; **nel 1874, però, acquisirono un particolare emblematico e distintivo, ovvero un cappello nero di feltro, a bombetta, con coccarda tricolore e una stella a cinque punte di metallo, decorato con una penna nera sul lato sinistro.**

La notte del 19 agosto del 1883, il Battaglione Alpini Val Stura del 2° Reggimento Alpini accorse tempestivamente a spegnere un incendio propagatosi nell'abitato di Bersezio, in provincia di Cuneo: fu questo gesto di solidarietà civile – e non un atto militare – a far guadagnare al Corpo la prima decorazione al valore in assoluto, sebbene il primo intervento degli Alpini in aiuto della popolazione civile fosse già avvenuto nel luglio del 1873, ad Alpago (Belluno), in occasione di un terremoto. Nel settembre del 1873, le 15 compagnie aumentarono a 24, divise in sette reparti. Nel 1877, furono create le prime cinque batterie da montagna, con pezzi ad avancarica e un anno dopo, nel 1878, il numero delle compagnie fu nuovamente aumentato, raggiungendo le 36 unità. Nel 1882, a dieci anni dalla nascita, furono formati i primi sei reggimenti. Infine, nel 1887, nacque a Torino il 1° Reggimento di Artiglieria da Montagna e, il 1° agosto dello stesso anno, riorganizzando il Corpo degli Alpini, fu costituito a Conegliano Veneto il 7° Reggimento Alpini.

APPROFONDIMENTO

LE UNIFORMI. *Come in tutti gli eserciti europei, le divise dei vari Corpi militari italiani furono studiate e realizzate attentamente e particolare cura fu dedicata a quelle degli Alpini. Con la Grande Guerra persero l'iniziale e vistoso carattere ottocentesco per divenire funzionali ai moderni combattimenti.*

UNIFORMI

Esercito italiano nel 1890.

1 *Alpino in uniforme da campo.*

2 *Ufficiale degli Alpini in grande uniforme.*

3 *Ufficiale d'Artiglieria a cavallo.*

4 *Ufficiale d'Artiglieria campale.*

5 *Personale amministrativo dell'Artiglieria da fortezza.*

6 *Artigliere da fortezza.*

GLI SCI

Nei combattimenti ad alta quota, gli sci hanno sempre avuto un ruolo rilevante, ben diverso da quello a cui pensiamo oggi. I militari, opportunamente addestrati, con gli sci ai piedi riuscivano a compiere le loro operazioni in maniera molto più efficace.

La velocità delle truppe che si spostavano con gli sci era, infatti, già a quel tempo paragonabile a quella delle unità di cavalleria leggera. L'uso degli sci in azioni militari venne riportato per la prima volta dallo storico danese del XII secolo Sassone il Grammatico, che ne parlò nelle sue *Gesta Danorum*.

Nel 1444, le squadre di sciatori del Principato di Moscovia riuscirono a sconfiggere una parte della cavalleria tartara; in seguito

APPROFONDIMENTO

LA PENNA NERA.
Alcune strofe di uno dei più noti canti alpini dedicato all'ornamento della penna:

*«Sul cappello, sul cappello
che noi portiamo c'è
una lunga, c'è una lunga
penna nera, che a noi
serve, che a noi serve
da bandiera su pei monti,
su pei monti a guerreggiar.
Oilalà!*

*Su pei monti, su pei
monti che noi saliremo,
coglieremo, coglieremo
stelle alpine, per donarle,
per donarle alle bambine
farle piangere, farle
piangere e sospirar.
Oilalà!*

*Su pei monti, su pei
monti che noi andremo,
pianteremo, pianteremo
l'accampamento,
brinderemo, brinderemo
al reggimento,
viva il Corpo, viva
il Corpo degli Alpin!
Oilalà!».*

ALPINI NELLA TORMENTA
Illustrazione di copertina da "La Tribuna Illustrata", del 12 marzo del 1893, che ritrae un distaccamento alpino sorpreso da una tormenta di neve sulle Alpi. La prima e l'ultima pagina della rivista erano sempre illustrate da pittori e incisori affermati.

gli sci vennero ampiamente utilizzati anche in spedizioni nel Nord Europa, in Siberia e in quelle intraprese con lo scopo di liberare la Russia dal giogo tataro-mongolo, oltre che dai Cosacchi guidati dall'atamano Ermak Timofeevič.

LE PRIME UNITÀ MILITARI DI SCIATORI

La costituzione di squadre militari formate da sciatori interessò in particolar modo la Norvegia che, nel 1733, pubblicò anche il primo manuale di istruzioni e consigli utili alle truppe che combattevano con gli sci.

Contemporaneamente, le autorità militari norvegesi cercarono di promuovere l'utilizzo degli sci anche tra la popolazione civile in modo da poter reclutare, in caso di emergenza, soldati che fossero avvezzi all'uso degli sci e magari già in possesso delle relative attrezzature.

DALLE GUERRE NAPOLEONICHE AI CONFLITTI MONDIALI

Negli anni 1807-1814, durante le guerre napoleoniche, sia la Danimarca sia la Norvegia impiegarono molti reparti di sciatori combattendo contro la Svezia. Quando iniziò la Prima guerra mondiale, quasi tutte le potenze dell'Europa occidentale si erano ormai dotate di formazioni attrezzate con sci: questi reparti furono utilizzati dagli eserciti dell'Impero austroungarico, della Germania, della Francia e del Regno d'Italia. In Russia, dopo la rivoluzione del 1917, i bolscevichi vinsero sui fronti della guerra civile grazie alle unità di sciatori, e gli sci negli anni seguenti vennero introdotti in numerose scuole militari.

● ALPINI SCIATORI

A sinistra. I primi sciatori alpini in un'illustrazione del 1909 di Quinto Cenni.

Anche nella Seconda guerra mondiale, durante l'assedio di Leningrado, gruppi di partigiani reclutati tra studenti sciatori condussero efficaci operazioni al di là delle linee tedesche.

APPROFONDIMENTO

SCI E ALPINI. *Fino al 1893 gli Alpini sulla neve si legavano ai piedi delle racchette. Fu solo nel 1896 che scoprirono gli sci, che venivano chiamati "ski" e furono importati in Italia dall'ingegnere svizzero Adolfo King: durante un'escursione in val di Susa (Piemonte), egli fece provare gli sci al tenente Luciano Roiti che, soddisfatto dei risultati, pubblicò un articolo sulla rivista "L'Esercito Italiano"; il colonnello degli Alpini Ettore Troia prese così in esame l'impiego dei "pattini da neve" in sostituzione delle racchette.*

● COPRICAPI

Sopra. Nell'immagine, tratta da una vecchia cartolina di promozione dell'esercito italiano, si notano i quattro tipi di copricapo in dotazione agli Alpini e la mantellina indossata da alcuni di essi.

ALL'ORIGINE DEL CAPPELLO DEGLI ALPINI

● **L'ERNANI**

Un bozzetto dei costumi di scena dell'opera Ernani *di Giuseppe Verdi, su libretto di Francesco Maria Piave, tratto dal dramma di Victor Hugo* Hernani.

È IL CAPPELLO CON LA PENNA CHE ANCORA OGGI IDENTIFICA IN MANIERA CHIARA E UNIVOCA GLI APPARTENENTI AL CORPO DEGLI ALPINI. ESSO FU ADOTTATO DALLE TRUPPE SIN DALLA LORO CREAZIONE, NON SOLO PER LA SUA PRATICITÀ MA SOPRATTUTTO PER IL FORTE VALORE PATRIOTTICO CHE QUEL COPRICAPO RAPPRESENTAVA.

L'idea della penna sul cappello non scaturì dal nulla: il copricapo delle truppe da montagna, incaricate di presidiare i confini settentrionali del Regno d'Italia, doveva richiamare subito, alla mente di coloro che lo vedevano, l'epopea del Risorgimento. La penna deriva dal cosiddetto "cappello all'Ernani", chiamato così dal copricapo tondo e con la penna indossato dal protagonista dell'omonima opera lirica di Giuseppe Verdi (rappresentata per la prima volta a Venezia

● **CRISTINA DI BELGIOJOSO**

Cristina Trivulzio di Belgiojoso in una stampa del 1848, che ricorda il suo ingresso a Milano durante le cinque giornate, alla testa di 200 patrioti reclutati a Napoli.

UN FATTO

Così come accadeva in altri Stati, anche nella circolare n. 852 del 15 marzo del 1851 della Polizia di Pesaro (Stato Pontificio) si ribadiva la proibizione di indossare cappelli all'Ernani, pena l'arresto.

IL BACIO

Il bacio, *il famoso dipinto di Francesco Hayez nella versione del 1861, dove la veste della donna è di una tonalità bianca anziché azzurra come nelle precedenti. Con questo colore, assieme al verde dell'interno del mantello e al rosso dei pantaloni, l'artista vuole ricordare i tre colori della bandiera del Regno d'Italia.*

nel 1844), che narra di un aristocratico spagnolo ribelle che si oppone alla tirannia di Carlo d'Asburgo. Verdi riprese un tema affrontato letterariamente da Victor Hugo.

UN SIMBOLO RISORGIMENTALE

Già nel 1848 il cappello all'Ernani fu indossato come simbolo di patriottismo da molti volontari insorti contro il dominio austroungarico. La principessa Cristina Trivulzio di Belgiojoso, cugina di Cavour, si fece ritrarre con in testa una versione aggraziata del cappello all'Ernani in un quadro conservato al Museo del Risorgimento di Genova. In tanti ripresero l'iniziativa di manifestare così i loro sentimenti italiani contro il dominio asburgico, tanto che il cappello all'Ernani venne vietato dalle autorità austriache. Il pittore Francesco Hayez utilizzò il cappello in un quadro famosissimo (di cui esistono ben quattro versioni) intitolato *Il bacio* nel 1861. Realizzata su commissione dalla famiglia Mylius, l'opera fu presente all'Esposizione Universale di Parigi nel 1867. Una versione poco diversa fu quella che utilizzò poi il copricapo dei briganti calabresi, anch'esso vietato dalle autorità, in questo caso borboniche. A partire da queste premesse si giunse al feltro con la penna, che sarebbe andato a caratterizzare gli Alpini.

2 ALPINI IN GUERRA

DAI PRIMI SCONTRI ALLA GRANDE GUERRA

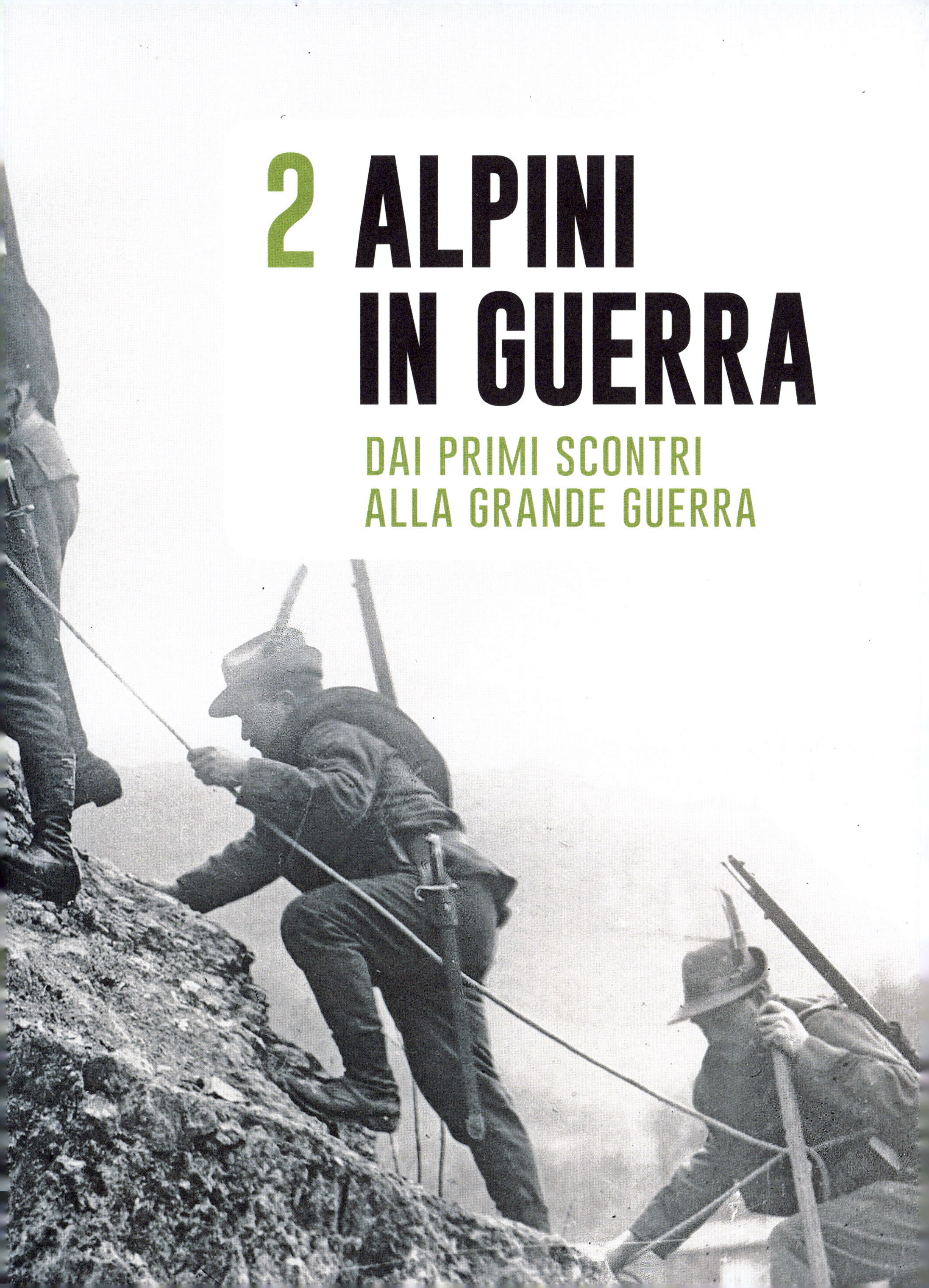

2 ALPINI IN GUERRA

DAI PRIMI SCONTRI ALLA GRANDE GUERRA

GLI ALPINI RICEVETTERO IL LORO "BATTESIMO DEL FUOCO" NON SULLE MONTAGNE ITALIANE MA SULLE ROVENTI ALTURE, DALLA PECULIARE CIMA PIATTA, DETTA *AMBE*, DELL'AFRICA ORIENTALE.

IN ERITREA (1885-1895)

Il nuovo Corpo di truppe da montagna, ispirato da Perrucchetti e istituito dal generale Ricotti, ebbe un inaspettato esordio: la prima missione degli Alpini, addestrati al combattimento sulle alte cime italiane, in condizioni meteorologiche proibitive e con temperature rigide, non fu in patria bensì in Africa orientale, infuocata e aspra terra di altopiani e di montagne dalla cima piatta, dove mostrarono fin da subito la loro tenacia e il loro valore in battaglia. Gli Alpini passarono così dai monti al mare, imbarcati sulle navi che li trasportarono a Massaua, in Eritrea.

L'EROE DI DOGALI

La battaglia di Dogali (1887) rappresentata in un dipinto di Michele Cammarano. In primo piano, il colonnello De Cristoforis che si lancia contro il nemico.

Dopo lo sbarco di un primo contingente italiano a Massaua nel 1885, nella colonia fu inviato il 1° Battaglione Alpini d'Africa comandato dal maggiore Domenico Pianavia Vivaldi. Erano presenti, tra le truppe che dovevano consolidare il predominio italiano in Eritrea, anche tre batterie di artiglieria da montagna.

Nel 1887, una colonna di rinforzo guidata dal tenente colonnello Tommaso De Cristoforis fu inviata in soccorso del presidio italiano di Saati, in quel momento assediato dalle forze etiopi. La colonna, composta da 548 uomini, fu intercettata presso la località di Dogali e aggredita dalle truppe del generale Ras Alula, signore di Asmara: 7.000 abissini aggredirono gli italiani e, nonostante l'eroica resistenza, dopo aver esaurito le munizioni questi furono costretti a soccombere. Perirono 430 militari, tra i quali non pochi Alpini.

UNIFORMI COLONIALI

Quinto Cenni (1845-1917) fu il maggior pittore di uniformi militari in Italia nel XIX secolo; egli realizzò molti acquarelli con soggetti militari per celebrare il valore dell'esercito italiano. Qui rappresentò alcuni ufficiali coloniali in Africa.

CONTRO L'ETIOPIA: IL DISASTRO DI ADUA

Non molti anni dopo l'eccidio di Dogali, dopo la disfatta dell'Amba Alagi nel dicembre 1895 e quella di Macallè nel gennaio 1896, vi fu la sfortunata battaglia di Adua (1° marzo 1886). **Durante questo scontro, sull'Amba Rajo, il 1° Battaglione Alpini d'Africa, guidato dal tenente colonnello Davide Menini, si sacrificò insieme a molti artiglieri.** Sul campo vi erano quattro compagnie e degli uomini inquadrati pochissimi si salvarono. In quel terribile gior-

UNA CURIOSITÀ

Vedendoli percorrere lunghe distanze con zaini pesantissimi in spalla, gli Ascari, i militari eritrei delle truppe coloniali italiane, soprannominarono gli Alpini "soldati elefante".

CONTRO I MAHDISTI

Ufficiali italiani e truppe coloniali si oppongono a Tucruf (1896) alla cavalleria mahdista che li attacca durante il ripiegamento su Cassala.

no, insieme al comandante del battaglione, morirono alla testa dei loro reparti il capitano Pietro Cella, prima medaglia d'oro al valore militare degli Alpini, e quattro ufficiali di artiglieria da montagna, anch'essi decorati con la medaglia d'oro al valore militare per il comportamento tenuto di fronte alle soverchianti forze abissine.

Gli Alpini del 1° Battaglione Alpini d'Africa, imbarcati sulla nave Gottardo, sbarcarono sulle coste africane alla fine del 1895: erano guidati dal tenente colonnello Davide Menini e riunivano quattro compagnie: la 1ª, capitanata da Giovanni Trossarelli, era formata da uomini del 1° Reggimento Alpini; la 2ª, del capitano Ernesto Mestrallet, era costituita da uomini del 2° Reggimento; la 3ª, guidata dal capitano Lorenzo Blanchin, era formata da truppe del 4° Reggimento; infine, la 4ª raggruppava uomini del 5°, 6° e 7° Reggimento Alpini sotto il comando del capitano Pietro Cella. Si contavano in tutto 20 ufficiali e 954 tra sottufficiali, graduati e soldati di truppa, presto inseriti in un reggimento della brigata del generale Giuseppe Ellena, che ne fiancheggiava altre tre. Il Corpo di spedizione contava 15.000 uomini, che numerose carovane dovevano rifornire dalla base di Massaua.

UNA CURIOSITÀ

Il piazzale davanti alla stazione Termini, a Roma, fu ribattezzato "dei Cinquecento" in onore ai caduti nella battaglia di Dogali.

Lungo tutto il mese di febbraio, la situazione restò in stallo: italiani e abissini non si affrontarono e rimasero in attesa mantenendo le distanze.

Menelik, il negus, che temeva di affrontare la nostra artiglieria, aspettava, con circa 120.000 uomini, che le truppe italiane commettessero un passo falso. Intanto, si avvicinava gradatamente ad

Adua, seguito dal generale Oreste Baratieri, il comandante delle truppe italiane. Egli stava istruendo i suoi uomini ad Adigrat, per cogliere di sorpresa sul fianco gli abissini, qualora avessero cercato di invadere l'Eritrea. Da Adigrat si spostò con cautela nell'Entisciò e poi nella conca di Suarià. Questi spostamenti, insieme al suo atteggiamento poco deciso, non piacquero al governo italiano. Un telegramma dell'allora Presidente del Consiglio Francesco Crispi, infatti, recitava così: «Codesta è una tisi militare, non una guerra: piccole scaramucce nelle quali ci troviamo inferiori di numero dinnanzi al nemico; sciupio di eroismi senza successo». Crispi, molto irritato dalla tattica di Baratieri e subendo anche le pressioni della corte, stava meditando di sostituirlo con il generale Antonio Baldissera.

DOGALI

La battaglia di Dogali, *dipinto del 1890 del pittore romano Carlo Muccioli, autore di molti soggetti che rappresentavano le guerre coloniali.*

APPROFONDIMENTO

CONTROLLO ITALIANO NEL CORNO D'AFRICA. *Fin dal 1861 il neonato Regno d'Italia fece un tentativo – stroncato prontamente da Inglesi e Francesi – di creare una piccola colonia, inizialmente commerciale, sulla costa della Nigeria e nell'isola portoghese di Príncipe. I primi tentativi di acquisire veri e propri possedimenti coloniali risalgono ai tempi della sinistra di Agostino Depretis e di Francesco Crispi, quando vennero favorite alcune iniziative private, come l'acquisizione della baia di Assab da parte della Compagnia di Navigazione Rubattino. Nel 1884, il governo fece un accordo con la Gran Bretagna per acquisire il porto di Massaua che assieme ad Assab formò i cosiddetti possedimenti italiani nel Mar Rosso che poi, dal 1890, sarebbero stati chiamati "colonia eritrea". Nelle intenzioni di Crispi, Massaua divenne il punto di partenza per un progetto che doveva portare l'Italia a controllare l'intero Corno d'Africa, abitato da popolazioni etiopiche, dancale, somale e oromo, governate da sultani, emiri o capi tribali. L'Etiopia era invece controllata da due* negus, *re Giovanni IV e Menelik, che la politica italiana cercò di dividere al fine di penetrare, dapprima politicamente e in seguito militarmente, all'interno dell'altopiano etiopico.*

ALPINI E ASCARI

SOLDATI "ANOMALI" CHE CONDIVIDONO MOLTI TRATTI

2

GLI ASCARI APPARTENEVANO AI REGI CORPI TRUPPE COLONIALI, LE FORZE COLONIALI ITALIANE IN AFRICA. ORIGINARIAMENTE RECLUTATI IN ERITREA E ARABIA DEL SUD, PER ESSERE ARRUOLATI DOVEVANO SUPERARE UNA PROVA DI MARCIA DI CIRCA 60 KM, GUARDATI A VISTA DAI LORO GRADUATI CHE FACEVANO LARGO USO DEL *CURBASC*, UNO SCUDISCIO DI PELLE D'IPPOPOTAMO.

Gli Ascari e gli Alpini possono essere considerati dei soldati "atipici", piuttosto diversi dai combattenti puri e semplici in cui i coscritti si trasformano. Essi condividono molti aspetti: dalla rappresentazione che di loro viene diffusa all'insieme delle impressioni che sono capaci di suscitare. Infatti, pur con le ovvie differenze, "vizi e virtù" delle truppe alpine si ritrovano in altrettanti "vizi e virtù" delle truppe coloniali: umanità, coraggio e lealtà da una parte, mancanza di disciplina e insofferenza agli ordini e ai comportamenti giudicati insensati dall'altra. Tale atteggiamento ribelle, tuttavia, non vale sui campi di battaglia dove Alpini e Ascari obbediscono ciecamente ai loro ufficiali, i cui comandi sono sempre eseguiti con coraggio e abnegazione. Già dai resoconti della battaglia di Adua si intravede un accostamento tra Alpini e Ascari che fa nascere così un *tòpos* che diverrà subito molto forte e si rafforzerà con la partecipazione degli Ascari alla guerra di Libia, consolidandosi poi in modo definitivo durante gli anni del regime fascista.
Come l'Alpino, l'Ascaro è sobrio nel carattere, valoroso in battaglia e leale negli atti,

ASCARI "PENNE DI FALCO"

Il reggimento degli Ascari, denominato "Penne di Falco", che combatté eroicamente contro i mahdisti alla frontiera con il Sudan.

ASCARI D'ERITREA

Gli Ascari d'Eritrea furono usati dall'esercito italiano per le operazioni più dure nelle guerre d'Africa.

UNA DATA

1892: battaglia di Serobeti. *120 soldati italiani e 200 Ascari affrontano forze del Mahdi tre volte superiori. Le truppe comandate dal capitano Stefano Hidalgo sostengono una sanguinosa battaglia che si conclude con la vittoria degli italiani. I dervisci lasciano sul terreno 40 morti e 110 uomini vengono fatti prigionieri. I caduti fra gli Ascari sono tre.*

AGORDAT

Ascari durante la seconda battaglia di Agordat, combattuta il 21 dicembre del 1893 contro i mahdisti provenienti dal Sudan.

anche se non sempre disciplinato. In ambito coloniale, l'Ascaro rappresenta quell'insieme di valori che l'Alpino incarna in Patria. Valori e aspettative che ne hanno fatto un tipo di combattente al quale sono rimasti estranei sentimenti e comportamenti come la paura, la viltà, l'infedeltà e la fuga. Ciò fin dal primo allestimento di reparti indigeni in Eritrea, poi arrivati a comprendere un'altissima percentuale della popolazione maschile adulta della regione.

ELOGIO DEGLI ALPINI

Il massimo elogio meritato dagli Alpini dopo l'esperienza africana fu quello espresso in un italiano molto approssimativo da un Ascaro sopravvissuto a numerosi combattimenti e a noi riportato dal militare, ingegnere e scrittore Paolo Caccia Dominioni (1896-1992) nel suo *Ascari K7*, un quadro completo e realistico di quanto accaduto in Abissinia durante la campagna del 1935-1936: «Albini stare fermi, nemico sgabbare». Questa frase dimostra che per gli Ascari la guerra era ridotta a termini molto semplici, restare o scappare, e fornisce una visione riduttiva delle virtù degli Alpini. Le risorse morali degli Alpini, tanto del singolo quanto del Corpo nel suo complesso, il rapporto con la collettività che sono stati chiamati a difendere, e spesso a sostenere nei momenti più difficili, e il duro addestramento cui sono da sempre stati sottoposti sono, infatti, confluiti in uno "spirito di corpo" che non ha avuto eguali nella storia e che va ricordato e celebrato anche se il destino, sul quale troppi fattori hanno influito, non ha riservato loro ciò che avrebbero meritato.

● **DOPO LA BATTAGLIA**

I sopravvissuti alla battaglia di Adua, con i loro ricordi, consentirono la realizzazione di questo disegno particolarmente realistico.

Le pressioni di Crispi e le indiscrezioni su una sua sostituzione con Baldissera spinsero Baratieri, con i nervi a pezzi, sfinito dalla mancanza di sonno e indebolito dalla febbre, a ordinare l'offensiva verso il campo abissino allestito vicino ad Adua.

Le truppe partirono da Suarià alle nove di sera del 29 febbraio del 1896, ripartite in tre colonne: quella del generale Matteo Albertone sulla sinistra, quella del generale Vittorio Dabormida sulla destra e le brigate del generale Giuseppe Arimondi e di Giuseppe Ellena al centro. Nonostante le previsioni, però, il Corpo di spedizione venne attaccato dagli abissini e progressivamente schiacciato dalla loro forza.

● **UNA DATA**

1879. *Guerre coloniali in Africa: già 17 anni prima della battaglia di Adua, a Isandlwana, un reggimento britannico era stato sconfitto da guerrieri Zulu.*

La prima colonna a soccombere fu quella del generale Albertone, che aveva isolato i suoi uomini dal grosso del contingente oltrepassando la posizione inizialmente assegnata; poi la colonna centrale del generale Arimondi subì la stessa sorte. Dabormida resistette fino alle 15:00 quando, circondato, fu costretto a ordinare la ritirata e purtroppo il suo corpo non fu più ritrovato. Cinquemila abissini attaccarono gli taliani che battevano in ritirata e Baratieri, al centro, ne comandò il ripiegamento; Arimondi, invece, già ferito, venne travolto da una marea di abissini. Il battaglione di Ascari eritrei, comandato da Giuseppe Galliano, fu travolto e lo stesso comandante venne ucciso. I pochi superstiti difesero la colonna in ritirata intorno a Baratieri, contrattaccando la cavalleria galla del negus, che aveva ormai sfondato.

Il Battaglione Alpini, distintosi per il comportamento valoroso, perse quasi la metà degli ufficiali (9 su 20) e più di 400 soldati.

Il comandante dell'artiglieria da montagna, Alberto Zola, fu in seguito insignito della Croce dell'Ordine Militare di Savoia. Dopo la battaglia di Adua, il governo italiano mandò in Etiopia il generale Baldissera con due divisioni, che riunivano alcuni battaglioni di Alpini, per sollevare Baratieri dall'incarico.

Con la ritirata degli abissini si giunse infine alla firma del trattato di pace con Menelik. Gli Alpini lasciarono quindi il suolo africano, sul quale sarebbero tornati qualche anno dopo per combattere in Libia.

PIETRO CELLA

Circondato ad Adua e colpito a morte, venne decorato con la medaglia d'oro al valor militare alla memoria: fu il primo riconoscimento al valore militare del Corpo degli Alpini.

MENELIK II

Menelik II, imperatore d'Etiopia dal 10 marzo del 1889 al 12 dicembre del 1913, si dirige a cavallo verso Adua seguito dal suo esercito; illustrazione sulla copertina del "Petit Journal".

UNA FRASE

«Signori, si dispongano con la loro gente e vediamo di finire (morire) *bene» (Tenente Colonnello Giuseppe Galliano, Adua, 1° marzo del 1896).*

APPROFONDIMENTO

IL PROCESSO A ORESTE BARATIERI. *Fin da subito il generale fu accusato di essere il responsabile di una delle disfatte più pesanti e tragiche della storia d'Italia; infatti, in quella circostanza, Baratieri aveva dato prova di mediocri qualità militari, perdendo il controllo della situazione senza riuscire a evitare la catastrofe e scampando a stento alla morte o alla cattura. Venne accusato di aver abbandonato il comando per aver preceduto le sue truppe nella ritirata da Adua. Le autorità di Roma ritennero il generale responsabile delle tre sconfitte italiane avvenute quando egli era al comando: l'Amba Alagi, Macallè e Adua; Baratieri fu arrestato il 21 marzo del 1897 e poi sottoposto a un umiliante processo ad Asmara, alla fine del quale fu prosciolto da ogni accusa perché non ne uscisse compromesso l'onore delle forze armate, ma collocato a riposo e, pertanto, costretto ad abbandonare la carriera militare. Tornato in Italia, Baratieri scrisse* Memorie d'Africa, *un'autodifesa nella quale si proclamava una vittima del destino; il suo libro è anche un atto di accusa verso il colonialismo e i suoi metodi disumani, nel quale il destino degli africani è paragonato a quello degli indiani d'America sterminati dagli europei.*

1900: IN CINA

Anche la Cina era stata protagonista del processo di colonizzazione intrapreso a livello mondiale dalle maggiori potenze durante la seconda metà dell'Ottocento. Militarmente debole e impreparata, come aveva già mostrato in occasione delle guerre dell'oppio, la Cina aveva subito l'aggressività degli Stati occidentali che, a partire dal 1860, avevano creato delle ambasciate in territorio

SAN GIORGIO

In questo celebre dipinto oggi al British Museum, è raffigurato San Giorgio che, dall'alto, protegge i soldati abissini impegnati nel combattimento contro gli italiani.

cinese ottenendo lucrose concessioni commerciali. Questo fatto alimentò un clima di tensione e odio contro i "diavoli stranieri", tale da sfociare, nel 1900, nella rivolta dei Boxer.

Il nome "boxer" derivava da una semplificazione, da parte degli occidentali, del nome cinese dell'organizzazione che guidò la rivolta e che significava «Pugni di giustizia e concordia».

Il movimento provocò, anche a causa dell'imperatrice Tzu Hsi che lo fomentava, numerosi massacri, e tra le vittime ci furono molti cinesi di religione cristiana. Nel giugno del 1900, quando le ambasciate occidentali a Pechino furono poste sotto assedio, la tensione giunse al culmine. Dopo quasi due mesi, le ambasciate furono liberate dalle truppe della spedizione internazionale (spinta dal Kaiser) di cui facevano parte Austria-Ungheria, Francia, Germania, Giappone, Italia, Russia, Inghilterra e Stati Uniti, e la rivolta terminò l'anno seguente. Il Corpo di spedizione italiano contava 1.965 uomini su un totale di circa 20.000; **una batteria da montagna con mitragliatrici era gestita dagli Alpini** mentre il colonnello degli Alpini Tommaso Salsa comandava un battaglione di fanteria.

DAVIDE MENINI

Il tenente colonnello Davide Menini, comandante del 1° Battaglione Alpini d'Africa, restò gravemente ferito nella battaglia di Adua ma, prima di morire, riuscì a incitare i suoi soldati gridando «Avanti, miei Alpini!».

TRATTATO DI PACE

Al centro. Con il trattato di pace di Addis Abeba, il 26 ottobre del 1896, tutti i soldati italiani caduti nelle mani degli etiopi furono liberati e poterono finalmente rientrare in patria.

MURA DI PECHINO

L'assalto finale delle truppe alleate alle mura di Pechino, difese dalle forze dei Boxer, nell'agosto del 1900.

TRUPPE ITALIANE NEL CORPO DI SPEDIZIONE INTERNAZIONALE

Al Corpo di spedizione internazionale presero parte anche le forze italiane, sotto il comando del colonnello dei bersaglieri Vincenzo Garioni, che erano composte da un battaglione di fanteria, formato da quattro compagnie, dal Battaglione Bersaglieri Estremo Oriente, anch'esso con quattro compagnie, da una batteria mitragliatrici e dalla batteria da montagna degli Alpini. Vi erano anche un distaccamento misto del genio militare, un plotone di Carabinieri Reali, un drappello sussistenza con quattro forni mobili, un piccolo ospedale da campo con cinque letti. **Si contarono 83 ufficiali, 1.882 fra sottufficiali e truppa e 178 quadrupedi, soprattutto muli;** gli uomini aumentarono poi fino a 2.500. La batteria da montagna, guidata da quattro ufficiali e 114 tra sottufficiali e soldati, venne coinvolta in tutte le operazioni, che culminarono con l'occupazione della città di Pao Ting. Percorse oltre 500 chilometri in 20 giorni, attraversando ambienti di montagna freddi e avversi.

APPROFONDIMENTO

LA CONCESSIONE ITALIANA DI TIENTSIN. *Sconfitti i Boxer e schiacciate le ultime resistenze all'interno della Cina, l'imperatrice Tzu Hsi fu costretta a firmare con l'Alleanza delle otto nazioni un pesante trattato ineguale: il Protocollo dei Boxer. Da questo documento nacque la Concessione italiana di Tientsin, un possedimento coloniale italiano amministrato dal Regno d'Italia tra il 1901 e il 1943. Esso copriva una superficie di 0,458 km² e costituiva una delle più piccole concessioni territoriali cinesi ottenute dalle potenze straniere al termine della rivolta; il territorio aumentò fino a 1,05 km² nel 1927, quando l'Italia inglobò la vicina concessione austriaca che era rimasta sotto il controllo cinese dopo la fine della Prima guerra mondiale. Nel 1935, la concessione italiana aveva una popolazione di 6.261 persone, fra cui alcune centinaia di italiani. Fu la base dalla quale partì la spedizione in Manciuria contro i bolscevichi nel 1919, alla quale parteciparono anche gli Alpini.*

UN FATTO

I caduti del Corpo di spedizione italiano in Cina dopo le operazioni militari furono 18, a Langfang, a Tientsin e nella difesa della cattedrale di Pe-tang.

I combattimenti furono intensi e si compensò l'inferiorità numerica italiana con la determinazione e con la disponibilità di armi migliori rispetto a quelle dei cinesi. Alla fine la missione, nonostante le perdite considerevoli, ebbe successo. Memorabili restarono la conquista dei forti di Ta-Ku e la difesa della cattedrale cristiana di Pe-Tang. Pechino fu conquistata e nella "città proibita" si svolse una parata militare, cui seguirono altri scontri fino al trattato di pace del 1901.

I BOXER

Affiliati della Società di giustizia e di concordia sfilano armati nelle strade di Tientsin, in Cina.

VINCENZO GARIONI

A sinistra. Il colonnello Vincenzo Garioni, comandante del Corpo di spedizione italiano in Cina. La fotografia risale al 1913, quando venne nominato, con il grado di generale, governatore della Tripolitania.

CORPO DI SPEDIZIONE ITALIANO IN CINA

In alto. Fanteria "montata" italiana in Cina nel 1900. Parte del Corpo di spedizione con le altre sette nazioni; essa era composta da soldati che si spostavano a cavallo, ma combattevano appiedati.

MEDAGLIE

Un Alpino del contingente italiano, con al petto la medaglia commemorativa riservata ai partecipanti della spedizione in Cina per soffocare la rivolta dei Boxer. Ne furono concesse 2.325.

1911: IN LIBIA

Dopo l'ultimatum del governo di Roma alla Turchia del 28 settembre 1911, rimasto senza risposta, già il giorno successivo Giolitti diede inizio alle operazioni militari. Le truppe, inizialmente composte da 50.000 uomini e comandate dal generale Carlo Caneva, occuparono il 5 ottobre Tripoli e il 19 ottobre Bengasi. Si contava sul fatto che la Turchia non avrebbe potuto rafforzare i propri presidi a causa della presenza della flotta italiana e della neutralità dell'Egitto. Scontri con unità navali turche avvennero nel basso Adriatico, nello Ionio e anche nel Mar Rosso.

Verso la fine del mese i Turchi, comandati da Ismail Enver (il futuro Enver Pascià), tentarono tuttavia di riprendere Tripoli con le sanguinose battaglie di Sciara Sciatt e di Henni, nelle quali furono sconfitti.

Dopo i successi lungo la fascia costiera, il contingente italiano si trovò in difficoltà per l'inaspettata guerriglia delle popolazioni arabe, organizzate su base tribale e religiosa (confraternita dei Senussi). Fu necessario rafforzare il Corpo di spedizione, che nel corso del 1912 subì anche perdite notevoli e dovette trincerarsi nelle città e nelle oasi più importanti. A questo punto il governo Giolitti allargò il fronte: la Marina bombardò i forti degli stretti dei Dardanelli senza incontrare troppi ostacoli. Successivamente furono sbarcate truppe a Rodi e in altre isole dell'Egeo, di fronte alla costa meridionale della Turchia. L'occupazione del cosiddetto Dodecaneso durò fino alla fine della Seconda guerra mondiale. Altri bombardamenti navali avvennero a ruota, come quelli sulla città di Smirne.

Alla fine la Turchia cedette, con la firma del trattato di Losanna il 18 ottobre del 1912. La Tripolitania e la Cirenaica erano già state annesse con atto unilaterale all'Italia fin dal novembre dell'anno precedente e Costantinopoli ratificò il fatto compiuto. Il trattato non segnò tuttavia la fine della resistenza araba e la Libia fu "pacificata" soltanto nei primi anni Trenta del 1900, dopo l'uccisione del principale capo senussita Omar al-Mukhtār.

IL RUOLO DEGLI ALPINI

Il mito dell'Alpino nella guerra di Libia fu fondamentale per la formazione della memoria della guerra e la creazione di un'identità nazionale. Gli Alpini si resero in breve tempo protagonisti dell'impresa libica, sia come Corpo sia attraverso i singoli militari. Nella guerra italo-turca del 1911-1912, le truppe alpine ebbero un ruolo di rilievo: ben cinque battaglioni vennero, infatti, impiegati in bat-

UNA CURIOSITÀ

In Libia, ben presto gli Alpini si trovarono costretti a sostituire i fedeli muli con gli scorbutici cammelli, molto più adatti all'ambiente desertico.

SBARCO A TRIPOLI

Questa illustrazione apparsa sulla copertina de "La Domenica del Corriere" mostra i Libici che, il 5 ottobre del 1911, accolgono calorosamente gli Alpini che stanno sbarcando a Tripoli.

LA GUERRA ITALO-TURCA

IL CONTESTO INTERNAZIONALE E LA DICHIARAZIONE DI GUERRA

LA GUERRA ITALO-TURCA REGISTRÒ NUMEROSI PROGRESSI TECNOLOGICI NELL'ARTE MILITARE, TRA I QUALI IL PRIMO IMPIEGO MILITARE DELL'AEROPLANO, SIA COME MEZZO OFFENSIVO SIA COME STRUMENTO DI RICOGNIZIONE, DELLA RADIO, CON LA NASCITA DEL PRIMO SERVIZIO REGOLARE DI RADIOTELEGRAFIA CAMPALE MILITARE, E DI AUTOMOBILI E MOTOCICLETTE.

● PRIMA GUERRA DALL'ARIA

Nel corso della guerra italo-turca furono utilizzati diversi dirigibili sia per operazioni di ricognizione sia di bombardamento. Fu in questo conflitto che avvenne il primo uso bellico degli aeroplani, in vari casi pilotati da personale volontario civile.

La guerra italo-turca fu seguita, quasi senza soluzione di continuità, dalle guerre balcaniche del 1912-1913, in cui tuttavia il ruolo dell'Italia non fu così diretto. Alla fine del conflitto l'Impero ottomano dovette arrendersi e cedere all'Italia la Tripolitania, la Cirenaica, Rodi e il Dodecaneso, mentre agli Stati balcanici toccarono quasi tutti i territori europei che esso ancora possedeva, mantenendo solamente una porzione della Tracia orientale e la penisola di Gallipoli. Il conflitto con Costantinopoli rappresentò un cambiamento sostanziale nella politica estera del Regno d'Italia, che si confrontò direttamente con una grande potenza dell'epoca e ne uscì vittoriosa, nonostante la condotta della guerra da parte del governo e dei vertici delle forze armate (al riguardo esiste una copiosa storiografia). Probabilmente, la vittoria dell'Italia non fu neppure estranea alla conclusione della seconda guerra balcanica.

LA RESA DI RODI

16 maggio 1912: resa della guarnigione turca di Rodi al generale Giovanni Ameglio, vicino a Psithos, da una copertina de "La Domenica del Corriere" dello stesso giorno.

POESIE DI D'ANNUNZIO

***Merope*, il quarto volume del libro di poesie Laudi del cielo, del mare, della terra e degli eroi di Gabriele d'Annunzio è dedicato alla celebrazione della guerra italo-turca.**

ACCORDI CON ALTRE POTENZE

Prima del tentativo di espansione in Tripolitania e Cirenaica, si rese necessario un lungo lavoro di diplomazia, che ebbe inizio con il consenso del Kaiser nel 1887, cui seguirono quello di Inghilterra, Francia e Austria nel 1902 e quello della Russia zarista nel 1909. Conseguentemente allo sviluppo dell'economia italiana, la posizione di Roma nel Mediterraneo venne rafforzata. Intanto, alla fine del 1800, la Francia si era spinta fino alle coste del Nord Africa, espandendo il suo dominio in Tunisia. Fu uno dei motivi che spinse la diplomazia italiana a favorire e proteggere l'afflusso in Tripolitania e Cirenaica di coloni e mercanti, non meno dell'intensa attività dell'importante Banco di Roma. Parallelamente si elaborarono vari progetti per l'azione militare. Fu in questo contesto che, mentre la Francia proiettava la sua ombra sul Marocco (che fece ipotizzare l'insorgere di una contrarietà ai progetti italiani sulla Libia), si giunse all'ultimatum del governo di Roma alla Turchia il 28 settembre del 1911. Questo ultimatum, rimasto senza risposta, era incentrato sul comportamento delle autorità delle due province dell'Africa ottomana, con atti di repressione anche violenta verso i cittadini italiani. Va tenuto presente che l'afflusso di coloni e mercanti in Tripolitania e Cirenaica, nonostante tutto, non si era rivelato alla lunga particolarmente significativo: c'erano forse un migliaio di italiani a Tripoli, mentre a Bengasi se ne contavano poco più di cento, il che rendeva sproporzionato pensare a uno sbocco di tipo bellico per la situazione. Il 29 settembre, il governo Giolitti diede tuttavia l'ordine dell'attacco senza la preventiva approvazione del Parlamento. Il mancato rispetto delle regole della democrazia parlamentare non suscitò grandi reazioni: prese anzi piede nell'opinione pubblica l'insieme di sentimenti e comportamenti che furono chiamati con la felice espressione "libicismo", senza nemmeno prendere in considerazione il fatto che il governo contava troppo superficialmente sulla simpatia che l'iniziativa italiana avrebbe suscitato tra gli arabi, rendendo facile e rapida la campagna militare. Le cose andarono, poi, diversamente.

EROISMI

Diciotto soldati italiani, sotto il comando del tenente Levi Bianchi, difendono con coraggio la loro postazione contro l'assalto di 500 beduini libici.

ACCAMPAMENTO ITALIANO

Fotografia pubblicata dalla rivista "Illustrazione italiana" nel 1911 che ritrae un accampamento italiano, sotto le palme del deserto, nei dintorni di Tripoli.

taglia a Derna e in altre località. Gli Alpini sarebbero poi tornati a combattere in Africa ancora due volte, durante la conquista dell'Etiopia, nel 1935-1936, e contro le forze degli Alleati in Nordafrica, dal 1941 al 1943. Se marinai e bersaglieri erano protagonisti della pagina di apertura della "Domenica del Corriere" nell'ottobre del 1911, già nei primi giorni di febbraio la stessa pagina venne dedicata all'atto di eroismo del sergente maggiore degli Alpini, Secondo Lorenzi, caduto a Derna «insieme all'ufficiale d'artiglieria ch'era accorso a difendere» dalla massa dei nemici.

Il mito degli Alpini crebbe grazie ai racconti di molti episodi della guerra, come la difesa delle ridotte "Piemonte" e "Lombardia", nei mesi di gennaio e febbraio del 1912, quella del Marabutto di Derna, in marzo, e le operazioni dell'8° Reggimento speciale, nel 1913. In questi racconti venne messo in risalto il loro coraggioso atteggiamento di combattenti pronti al sacrificio. **Abili difensori anche in condizioni estreme, coraggiosi e decisi nell'attacco, non si preoccupavano del numero dei nemici, sapevano improvvisare, avevano «cuori di ghiaccio e muscoli di acciaio»**, riuscivano a «resistere più ore a furiosi attacchi dietro il semplice riparo di un basso muro e di alcuni cumuli di sacchi», a «sfilare imperturbabili tra le tortuose insidie di un reticolato, sotto il grandinare delle palle, per procedere al buio a snidare [il nemico] con la baionetta», a difendersi, rimasti privi di munizioni, con qualsiasi oggetto, dal calcio del fucile ai sassi, «con ogni mezzo, finché gli assalitori furono respinti» (Relazione del generale Ferruccio Trombi, comandante della 4ª divisione speciale, sui combattimenti intorno alla ridotta "Lombardia").

L'impegno richiesto agli Alpini in Libia fu molto più intenso che nei casi visti in precedenza, anche di conseguenza alla crescita del Corpo tra il 1887 e il 1910. I primi reparti degli Alpini (Battaglione Saluzzo, 2° Reggimento) sbarcarono a Derna nell'ottobre del 1911. Gli scontri con i Turchi a Derna furono celebrati da una canzone, di autore anonimo, intitolata *Il vascello Savoia* e conosciuta anche come *E la nave s'accosta pian piano*, con riferimento all'arrivo sulle coste libiche del piroscafo che trasportava il Battaglione Saluzzo. In questo testo sono presenti tutte le tematiche tradizionali dei canti degli Alpini, dall'amor patrio, alla nostalgia per gli affetti, al cameratismo, con in più quello che si potrebbe definire un vero e proprio furore guerresco: «"I Turchi son là". / E difatti si videro spuntare / le nostre trombe si misero a suonare / le nostre penne al vento volavano / tra la bufera ed il rombo del cannon. / E a colpi disperati mezzi massacrati / dalle baionette, i Turchi fuggivano / gridando "Alpini, abbiate pietà"».

Alla campagna presero parte anche i battaglioni Mondovì (1° Reggimento), Fenestrelle e Susa (3°), Ivrea (4°), Edolo e Vestone (5°), Verona (6°), Feltre (7°) e Tolmezzo (8°), insieme ai gruppi d'artiglieria Torino-Susa, Mondovì e Vicenza. I battaglioni Susa,

UNA DATA

4 maggio 1912.
Truppe italiane sbarcano a Rodi e la occupano. Fra gli 8.000 uomini al comando del generale Giovanni Ameglio anche un battaglione di Alpini.

SCIARA SCIATT

La battaglia di Sciara Sciatt, combattuta il 23 ottobre del 1911 fu la più sanguinosa di tutta la campagna libica. Questa cartolina commemorativa mostra la carica delle truppe italiane.

Edolo e Vestone, Feltre e Tolmezzo, e le batterie 2ª, 10ª e 3ª bis, nell'ottobre del 1912 vennero quindi aggregati nell'8° Reggimento Speciale, le cui operazioni, che finirono nell'autunno del 1913, contribuirono a rafforzare l'immagine delle truppe alpine in maniera decisiva. Le azioni militari dell'8° Reggimento Speciale contribuirono poi a rendere popolare la figura del suo comandante, il colonnello, futuro generale, Antonio Cantore, forse la prima vera icona del Corpo, «formidabile esempio di eroe popolare in divisa regolare», che venne annesso *post mortem* al ristretto pàntheon dei "padri degli Alpini".

Non fu trascurabile neppure l'importanza dell'Alpino Antonio Valsecchi, **che fu mandato nel febbraio del 1912 da Milano, dove era stanziato con la 5ª Compagnia del Battaglione Edolo, alla volta di Derna,** dove si trovava un avamposto presidiato da altri due battaglioni di Alpini. I due avamposti, costruiti nel deserto, vennero chiamati Ridotta Lombardia e Torretta Milano, in onore della loro terra di origine. Mentre Valsecchi si trovava alla Ridotta Lombardia con 146 Alpini del Battaglione Edolo, nella notte tra l'11 e il 12 febbraio, i nemici attaccarono con violenza le postazioni degli italiani, generando un violento scontro a fuoco che, a causa della carenza di armi, portò gli Alpini a usare le baionette cercando di

ARTIGLIERIE

Il contingente italiano in Libia era composto anche da un Reggimento di artiglieria da campagna con cannoni da 75 mm e da un Reggimento di artiglieria da montagna con cannoni da 70 mm. Il pezzo campale più pesante fu tuttavia il cannone da 149 mm prodotto dall'Ansaldo di Genova.

allontanare dagli avamposti i Turchi. Con la fine delle munizioni, gli ultimi attacchi vennero respinti da Antonio Valsecchi a colpi di pietre e massi, in un estremo tentativo di mantenere la posizione. Il giovane lombardo fu protagonista di un nobile gesto verso la bandiera italiana, riuscendo a contenere, insieme ai suoi commilitoni, gli assalti delle truppe turche, agevolando l'arrivo dei rinforzi e respingendo definitivamente le truppe nemiche.

LUIGI CADORNA

Il generale Luigi Cadorna, capo di Stato Maggiore dell'esercito italiano, diresse le operazioni del Regio Esercito nella Prima guerra mondiale dall'entrata dell'Italia nel conflitto alla disfatta di Caporetto.

1915: LA GRANDE GUERRA

In occasione del centenario della Prima guerra mondiale, evento che sconvolse profondamente la società dell'Europa e del mondo intero, gli storici hanno effettuato una ricostruzione molto dettagliata dell'entrata in guerra dell'Italia contro l'Austria-Ungheria, avvenuta pochi anni dopo la guerra in Libia. Il contributo fornito durante il conflitto dalle truppe da montagna italiane fu davvero rilevante. Alla Prima guerra mondiale gli Alpini, i "figli dei monti", come li definiva Cesare Battisti, presero parte con 88 battaglioni e 66 gruppi di artiglie-

CONQUISTA DELLE VETTE

La cima del Monte Cauriol, conquistata dagli Alpini che la dovettero poi difendere dall'offensiva austriaca con assalti corpo a corpo.

L'ISONZO

Il fiume Isonzo, con il ponte ferroviario di Salcano e la città di Gorizia sullo sfondo. Dopo la prima battaglia dell'Isonzo, il ponte venne distrutto dalle truppe austriache in ritirata.

GLI AVVERSARI

In alto a destra. Reparti di Kaiserjäger *austriaci in posizione sulla vetta di una delle montagne della valle del fiume Isonzo.*

ria da montagna, mobilitando un totale di 240.000 uomini. **Per l'Italia, la Grande Guerra iniziò il 23 maggio del 1915, con la dichiarazione di belligeranza contro l'Impero asburgico: il 24 maggio le truppe si posizionarono sul fronte.**

Gli Alpini, il cui Corpo era stato creato proprio a difesa delle Alpi e delle frontiere montane, dovettero dare prova del loro valore in molteplici occasioni. I battaglioni delle milizie territoriali, chiamati con il nome di vallate, e mobili, classificati con i nomi di monti, vennero inseriti nei reggimenti permanenti, che, contrassegnati da una lettera, presero il nome di "gruppi" e vennero dotati di artiglieria da montagna e di compagnie di servizi vari da utilizzare, secondo l'occasione, singolarmente o raggruppate in formazioni più ampie.

Nel corso della guerra, ai vari gruppi vennero destinati i plotoni mitraglieri, i reparti lanciabombe e scalatori e i battaglioni sciatori, di recente costituzione. Quindi, i gruppi assunsero caratteristiche proprie e vennero contraddistinti da un numero. Essi erano solitamente formati da tre battaglioni permanenti, tre battaglioni territoriali (valle), tre battaglioni mobili (monte), alcuni battaglioni sciatori, compagnie di mitraglieri e scalatori e gruppi di artiglieria da montagna. Le Divisioni Alpine erano formate da gruppi e raggruppamenti, che comprendevano anche reparti di altre armi. **La 52ª Divisione Alpina, che combatté**

sull'altopiano di Asiago, era costituita da 18 battaglioni alpini su 22 totali. Gli Alpini vissero, in quarantuno mesi di lotta durissima e sanguinosa, una serie di esperienze individuali e collettive di grandissimo valore, fatte di strenua resistenza, scontri di uomini contro altri uomini, uomini contro le forze temibili della natura, azioni pericolose e valorose sulle alture, senza appigli naturali, prove di adattamento alle situazioni più avverse e a zone davvero inaccessibili.

Su tutto l'arco alpino, sul quale scorreva la linea del fronte, dal Trentino al Carso, gli Alpini dovettero confrontarsi con i loro omologhi austriaci e tedeschi in duri scontri su passi di montagna e cime elevate, questi combattimenti vennero chiamati "guerra bianca".

LA GUERRA BIANCA

Una tra le prime azioni in alta montagna decise dai comandi italiani fu quella volta a scacciare gli austriaci dalle loro posizioni sulla Cresta del Monticelli fino al passo del Castellaccio e al Corno del Lagoscuro, che minacciavano la prima linea delle postazioni italiane sul complesso del Tonale, tra Brescia e Trento.

A -30 °C

In alta montagna gli Alpini dovevano affrontare temperature talvolta inferiori ai -30 °C.

UNA FRASE

«Queste montagne sono mie!». Questo è l'imperativo perentorio dell'Alpino chiamato alla salvaguardia dell'integrità del territorio (da una cartolina celebrativa dell'epoca).

TRINCEE

Una trincea italiana sulle Alpi con un Alpino che osserva i movimenti del nemico, protetto da sacchetti di rinforzo riempiti di terra o ghiaia.

LA TRADOTTA DEGLI ALPINI

DALLE CASERME ALLE LINEE DEL FRONTE

NELLA GRANDE GUERRA LE TRADOTTE PORTAVANO GLI ALPINI AL FRONTE. NEL 1940, LI CONDUSSERO IN GRECIA ATTRAVERSO L'ALBANIA OCCUPATA E L'ANNO SUCCESSIVO VERSO LA STERMINATA STEPPA RUSSA. SOLDATI E MULI CONDIVIDEVANO LO STESSO TRAGICO DESTINO.

● **CENTENARIO**

La ricorrenza del centenario del viaggio effettuato da Verona Porta Nuova a Bassano del Grappa in una cartolina commemorativa del dicembre del 1988: un Alpino attende di salire sulla locomotiva a vapore 740-293.

In Europa le ferrovie furono impiegate per scopi militari fin dalla guerra di Crimea del 1855, e sei anni più tardi, oltreoceano, furono le protagoniste indiscusse della guerra civile americana. In quel conflitto emerse chiaramente il potenziale strategico del treno nel trasporto di munizioni e truppe e con la Prima guerra mondiale questo mezzo divenne lo strumento primario per la movimentazione delle armi e degli uomini. In pochi giorni di viaggio da tutta Europa le truppe potevano confluire ai rispettivi schieramenti sui fronti in Belgio e Francia. La stessa Grande Guerra si concluse a bordo di un treno, in sosta presso Compiègne, dove all'interno della carrozza 2.419 venne firmato l'armistizio con il quale il generale francese Ferdinand Foch impose ai tedeschi sconfitti pesanti risarcimenti e sanzioni. In Italia, prima dell'entrata in guerra a fianco di Francia e Gran Bretagna, dal mese di febbraio del 1915 erano stati trasportati in Veneto fin da Puglia, Calabria e isole, poco meno di 400.000 uomini con le loro dotazioni, operazione che venne conclusa utilizzando ben 7.720 treni. I convogli ferroviari adibiti al trasporto di militari inviati in licenza oppure al trasporto di interi reparti verso il luogo del combattimento furono chiamati "tradotte" e fanno parte della storia degli Alpini nella Grande Guerra. Sulle banchine delle stazioni i soldati in partenza davano l'addio ai genitori e si scambiavano baci con mogli e fidanzate; sulle stesse banchine si abbracciavano i reduci o i congedati: la commozione, la tristezza, ma anche la gioia erano parte integrante dell'ambiente di una stazione.

● **LA PARTENZA**

La donna del soldato. La partenza per il fronte di un Alpino, *dipinto del pittore Domenico Mastroianni (1876-1962).*

● **UNA CANZONE**

«Addio mia bella, addio: l'armata se ne va; se non partissi anch'io sarebbe una viltà!.»
Fra i canti degli Alpini anche questo risorgimentale, che fu scritto nel 1848.

ALL'INTERNO DEI VAGONI

Nelle tradotte, all'interno di vagoni chiusi, arredati con panche e illuminati da lanterne a petrolio, i fanti cantavano i canti tradizionali e da fuori si comprendeva che si trattava di un convoglio di ritorno dal fronte. Una tra le più famose canzoni si intitola proprio *La tradotta*: «La tradotta che parte da Torino / a Milano non si ferma più, / ma la va diretta al Piave, / cimitero della gioventù. / Siam partiti siam partiti in ventisette, / solo in cinque siam tornati qua, / e gli altri ventidue / son rimasti tutti a San Donà. / A Nervesa a Nervesa c'è una croce, / mio fratello l'è disteso là, / io ci ho scritto su "Ninetto" / che la Mamma lo ritroverà./ Cara suora cara suora son ferito, / a domani non ci arrivo più; / se non c'è qui la mia mamma, / un bel fiore me lo porti tu».
"La Tradotta" era anche il nome del più famoso tra i tanti "giornali di trincea" che i comandi dell'esercito fecero pubblicare nel 1917 dopo la rotta di Caporetto e che si diffuse tra i soldati della Terza Armata. Tra i collaboratori della rivista, diretta da Renato Simoni, vi erano scrittori come Arnaldo Fracciaroli, mentre disegnatori come Antonio Rubino, Umberto Brunelleschi e Carlo Manzoni provvedevano alle illustrazioni.
Vent'anni dopo le tradotte portarono le truppe italiane verso i porti d'imbarco per l'Albania e la Grecia e, a partire dalle stazioni del nord Italia, fino alle lontane steppe russe: le stazioni di raccolta erano Asti, Verona e Tarvisio, poi si transitava per Vienna, in Austria, Norimberga e Halle, in Germania, Varsavia, in Polonia, Brest-Listovsk, Minsk e Gomel, in Bielorussia, Charkov, in Russia e finalmente si giungeva in Ucraina, a Gorlovka: un viaggio lungo e complicato dalle difficoltà che si creavano per adattarsi al dispositivo logistico dell'esercito tedesco. Dall'Italia partirono per il fronte russo 211 treni e soltanto 17 furono quelli che riportarono in Patria i superstiti. E proprio dello stato d'animo e delle emozioni dei soldati che ritornano dalla guerra in una tradotta, molti dei quali feriti, canta Francesco De Gregori nella sua celeberrima "Generale".

LA CENGIA MARTINI

Nell'ottobre del 1915, il maggiore Ettore Martini conquistò una cengia che tagliava in obliquo la parete del monte Lagazuoi, nelle Dolomiti; gli Alpini del suo battaglione la fortificarono e iniziarono a scavare una galleria nella roccia fino ad avvicinarsi alle postazioni austriache quanto bastava per far esplodere una mina. La cengia Martini, così battezzata in onore del valoroso militare, rimase una spina nel fianco degli austriaci per oltre un anno e mezzo.

Il 9 giugno del 1915, la prima operazione di guerra sui ghiacciai fu affidata al Battaglione Alpini Morbegno; purtroppo essa si concluse con una tremenda e prevedibile sconfitta.

Cercando di occupare la Conca Presena e cogliere gli austriaci di sorpresa, gli Alpini compirono una grande impresa scalatoria risalendo lungo la Val Narcanello, il ghiacciaio del Pisgana e attraversando la parte alta di Conca Mandrone.

Quando iniziarono la discesa in Conca Presena, dopo aver valicato il passo Maroccaro, furono avvistati dagli osservatori austriaci e attaccati, sul ghiacciaio, dalla fanteria austriaca che, pur essendo molto meno numerosa, riuscì a contrastarli con grande abilità, obbligandoli alla ritirata. Le vittime che gli italiani lasciarono sul campo furono 52.

Il 5 luglio, dopo un mese, gli austriaci a loro volta attaccarono il presidio italiano arrivando sulle rive del Lago di Campo in alta Val Daone, nella zona dell'Adamello. L'imboscata, perfettamente riuscita, evidenziò la grave carenza di preparazione delle truppe italiane. Il 15 luglio, poi, gli austriaci, incoraggiati dal successo precedente, tentarono un improvviso attacco al Rifugio Garibaldi tramite la Vedretta del Mandrone; la nuova spedizione fallì, per l'abilità dei

APPROFONDIMENTO

UGO CERLETTI. *Neurologo e psichiatra, mobilitato con il grado di capitano medico, affrontò il problema di celare all'osservazione del nemico gli Alpini, studiando un adattamento del proprio camice da lavoro, che in seguito prese il nome di "uniforme Cerletti". Accorgimenti simili furono presi anche nell'esercito austroungarico. Egli inventò anche un'arma speciale, la "spoletta a scoppio differito" per far sì che le bombe a mano o i proiettili di mortaio esplodessero, quando lo si fosse ritenuto opportuno, a distanza di parecchie ore dal momento del lancio.*

difensori, ma mise nuovamente in risalto la debolezza del sistema difensivo italiano, che di conseguenza venne rafforzato.

Sul fronte del Tonale, le operazioni italiane più rilevanti del 1915 avvennero nel mese di agosto con diverse direttrici, ma ebbero come unico risultato la conquista del Torrione d'Albiolo.

Gli Alpini completarono la loro prima incredibile impresa a metà giugno, arrivando a conquistare il Monte Nero; davanti a questa vittoria, persino i nostri nemici commentarono: «Giù il cappello davanti gli Alpini! Questo è stato un colpo da maestro». L'assalto fulmineo alle posizioni austriache da parte degli Alpini, ripartiti in sei compagnie e divisi in due gruppi, venne pianificato in ogni dettaglio, con ordini ben precisi per gli uomini: avrebbero dovuto arrampicarsi senza perdere i contatti con i commilitoni, in silenzio, senza emettere neppure un colpo di tosse e senza smuovere neppure un sasso, il cui rumore avrebbe potuto dare l'allarme ai nemici. Alcuni soldati trasportarono pesanti sacchi di terra per crearsi, all'occorrenza, un riparo di fortuna. Dal monte

UNA NOTIZIA

In basso a sinistra. «Una buona cattura», *così titolava una copertina del "La Domenica del Corriere" riportando la notizia della cattura di numerosi austriaci sul Monte Nero.*

MIMETISMO

Alpini cammuffati con un tipo particolare di uniforme, che su proposta dell'ufficiale medico Ugo Cerletti venne poi adottata e prese il suo nome.

IL SENTIERO DEGLI ALPINI

E LA CONQUISTA DEL PASSO DELLA SENTINELLA

● **UNA POSTAZIONE AD ALTA QUOTA**

Una postazione degli Alpini ad alta quota, identificata dalle targhe collocate all'ingresso, in una fotografia scattata dopo la guerra.

UN'AZIONE FULMINEA DELLE TRUPPE DA MONTAGNA ITALIANE, CON UNA PREPARAZIONE LOGISTICA DI CUI RESTANO TRACCE ANCORA OGGI, CONTRO LE POSTAZIONI AUSTRIACHE IN UNO SNODO STRATEGICO DELLE DOLOMITI ORIENTALI, CHE PERMETTEVA DI CONTROLLARE GLI SPOSTAMENTI MILITARI.

Una delle opere più ardite degli Alpini è quella del percorso che essi costruirono per preparare l'attacco al passo dolomitico della Sentinella, nei pressi di Sesto, presidiato nel 1915 dagli austriaci. Questo percorso, denominato appunto Sentiero degli Alpini o, in tedesco, *Alpinisteig*, fu realizzato per consentire l'afflusso di rifornimenti agli avamposti italiani situati nella zona in vista dell'attacco, e fu poi ristrutturato negli anni Trenta del 1900 per consentire il passaggio agli escursionisti nel periodo estivo. Questo sentiero venne edificato intagliando per lunghi tratti la roccia con il solo ausilio del piccone e della forza dei soldati, guidati dal maggiore Italo Lunelli, che era stato arruolato come volontario sotto la falsa identità di Raffaele Da Basso poiché era un cittadino austriaco. Il sentiero fu fondamentale per la conquista del valico, tra la Croda Rossa di Sesto (o Cima Dieci) e Cima Undici, sul quale passava all'epoca il confine con l'Austria.
Tra l'agosto e il settembre del 1915, gli italiani avevano tentato, con avvicinamenti frontali, di impadronirsi del passo, sul quale avevano preso posizione gli austriaci, ma ogni tentativo fallì per l'ottimo piazzamento degli avversari. Fu così che nella primavera successiva si procedette alla conquista con una manovra

● UNA CURIOSITÀ

Uno dei luoghi più famosi della Strada degli Alpini è la **Cengia della Salvezza**, *che viene anche chiamata "La croce" o, addirittura, "I vecchi pettegoli che bofonchiano".*

● **SULLA PUNTA EST**

Alpini in postazione sulla punta est del passo, che venne raggiunta nel pomeriggio del 27 agosto del 1915.

a sorpresa dall'alto, studiata dal generale Giuseppe Venturi. Furono costruite alcune basi su più stretti valichi vicini, denominati "forcelle", anche per poter battere tutta la zona del vallone, da cui presumibilmente sarebbero saliti eventuali rinforzi austriaci. L'impresa, a livello militare, ma soprattutto alpinistico, ebbe dello straordinario. La cresta della Cima Undici presenta infatti una serie di forcelle che salgono da profondi canaloni che incidono il massiccio. Queste forcelle, a una a una, furono raggiunte e attrezzate dagli Alpini durante l'inverno, per lo più di notte, per sfuggire alle vedette austriache. Furono costruite baracche, vennero attrezzati percorsi con scale e corde e furono fatti affluire materiali, armi, uomini, tutto tra la neve e il ghiaccio e quasi interamente a spalle d'uomo, a 3.000 metri di quota.

PRONTI PER L'ATTACCO

A metà aprile tutto era pronto per l'attacco. Questa volta, però, esso si svolse da più direzioni, secondo il piano del generale Venturi. Alcuni Alpini scalatori guidati dal maggiore Lunelli, in silenzio, si posizionarono su un pianoro sovrastante il passo dal versante nord, tenendo sotto controllo l'arrivo di rinforzi avversari dal vallone. L'artiglieria e le mitragliatrici posizionate sulle basi costruite nei dintorni tennero inchiodati gli austriaci a guardia del passo sulle loro posizioni. Dal vallone frontale iniziarono la salita i reparti del sottotenente Martini e, contemporaneamente, dall'alto di Cima Undici, scivolando e rotolando per un canalone di neve, gli uomini del capitano Giovanni Sala piombarono sugli austriaci. Il Passo della Sentinella fu conquistato con una felicissima e fulminea azione e venne occupato alle ore 13:45 del 16 aprile del 1916. I protagonisti dell'operazione furono tutti decorati.

● **VERSO IL PASSO**

Gli Alpini, guidati dal sottotenente Martini, risalgono per il Vallon Popera fino al passo della Sentinella, in una foto dell'aprile del 1916.

Adamello al Monte Nero, dalle Tofane al Carso, dalla Marmolada al monte Ortigara, dallo Stelvio al monte Grappa, dal monte Pasubio al passo della Sentinella, attaccandosi alla roccia con tutte le forze per cercare di sconfiggere uno degli eserciti più potenti, gli Alpini realizzarono con mezzi rudimentali strade e sentieri giungendo fino alle vette più elevate, combatterono strenuamente usando le mine, portarono a buon fine eroici colpi di mano raggiungendo posizioni che venivano considerate irraggiungibili e fecero crescere le leggende delle Dolomiti con racconti degli eroi della guerra ad alta quota.

UN FATTO

Tra Bocchetta Campiglia (1.216 m) e le Porte del Pasubio (1.934 m) venne costruita una mulattiera lunga 6.555 metri e larga 2,2 m, di cui 2.335 scavati nella roccia con 52 gallerie.

IL CONTRIBUTO DI SANGUE

Tra il 10 e il 29 giugno del 1917, tra assalti e offensive sugli spogli crinali tra l'Ortigara e il sottostante orrendo vallone dell'Agnella, persero la vita oltre 28.000 giovani soldati italiani e 8.000 nemici, in quella che fu la più sanguinosa battaglia degli Alpini. La battaglia per la conquista dell'Ortigara fu comunque una battaglia perduta e una tragica e inutile carneficina. Il generale Ettore Mambretti, ritenuto responsabile del disastro, venne sollevato dal suo incarico e i resti delle truppe da lui comandate furono distribuiti in altre armate (nella I e nella IV). Nel quarantesimo anniversario della battaglia, nel 1957, fu posta la prima pietra del monumento intitolato alla Madonna degli Alpini, a quota 1.920 metri sul mon-

FORTIFICAZIONI AUSTRIACHE

In alto. I resti del Nagià Grom, quota 787 metri, caposaldo avanzato dell'esercito austroungarico e parte integrante del sistema fortificato campale a difesa del territorio compreso tra Riva del Garda e la Vallagarina.

APPROFONDIMENTO

IL PICCOLO ALPINO. *Quello del giovane ritratto nella fotografia in basso, del quale ebbe a parlare la* "Domenica del Corriere" *del 16 aprile del 1916, non fu l'unico caso di ragazzi adottati da reparti dell'esercito italiano. Ispirandosi a questi episodi, lo scrittore Salvator Gotta, nel 1926, scrisse un romanzo intitolato* Il piccolo Alpino, *che ebbe grande fortuna di pubblico e viene ancora oggi ristampato. Il romanzo conobbe una trasposizione cinematografica nel 1940 con la direzione di Oreste Biancoli (a interpretare il protagonista Giacomino Rasi fu Elio Sannangelo e i dialoghi furono scritti da Dino Falconi e Paolo Monelli, già autore nel 1921 del famoso* Scarpe al sole *sulla vita degli Alpini). In anni recenti, dallo stesso libro di Salvator Gotta è stata ricavata una serie televisiva trasmessa nel 1986-1987 con la regia di Gianfranco Albano (protagonista Guido Cella, nel cast Ray Lovelock, Mario Adorf e Ottavia Piccolo).*

te Lozze. Nel rilievo la Madonna raccoglie le "penne mozze" degli Alpini caduti sul campo di battaglia. Dopo la ritirata austriaca dai punti di massima penetrazione a seguito della *Strafexpedition* (maggio), dal luglio del 1916 al dicembre del 1917, grazie al sacrificio degli Alpini questa zona restò il cuneo più a nord della prima linea di difesa austroungarica nell'altopiano di Asiago, che andava dall'Ortigara verso il Colombara, lo Zebio, l'Interrotto e la profonda spaccatura della Val d'Assa. La battaglia dell'Ortigara è solo un esempio del contributo di sangue complessivo che gli Alpini fornirono nella Prima guerra mondiale, tristemente messo in evidenza da queste cifre: 43.310 caduti (ufficiali: 1.542; truppa: 41.768) e 33.479 feriti (ufficiali: 3.982; truppa: 29.497). Va anche ricordato che ai caduti per mano del nemico vanno aggiunti i militari condannati a morte con l'applicazione di norme per il

L'ALPINO QUATTORDICENNE

Rimasto orfano da bambino, Pietro Mattia era stato adottato da un reggimento degli Alpini come "mascotte".

CANNONI SULL'ADAMELLO

A sinistra. Un cannone piazzato a 3.036 m di quota, sulla Lobbia di Mezzo, sul monte Adamello. È visibile al Museo del Risorgimento di Bologna.

BARACCAMENTI

Il complesso del sistema fortificato Monte Novegno-Priaforà-Monte Rivon. Su queste montagne, nelle giornate del 12 e 13 giugno del 1916, gli Alpini contribuirono nel respingere la grande offensiva dell'esercito austroungarico, nota con il nome di Strafexpedition *(spedizione punitiva).*

mantenimento della disciplina che spesso colpivano indiscriminatamente con processi sommari e fucilazioni immediate. Un aspetto, questo, ancora poco analizzato dalla storiografia.

LA GUERRA DI POSIZIONE

Dopo l'offensiva, il 16 giugno il comando austroungarico decise di ritirarsi su posizioni più facili da proteggere e questo fu il momento in cui si verificò il più intenso sacrificio di sangue della Grande Guerra sul fronte italiano. **Per un lungo e interminabile anno, con il rigido inverno del 1916, la guerra in trincea, detta "guerra di posizione", continuò senza sosta.**

Tra il 9 e il 10 giugno del 1917, i cannoni bombardarono le linee austriache dell'Ortigara precedendo l'attacco degli Alpini e dei bersaglieri, che venne portato avanti con grandi sacrifici umani anche nei giorni che seguirono.

Le perdite si fecero sempre più intense tra un assalto e l'altro, cercando di conquistare e riconquistare poche decine di metri tra le trincee e i campi circondati di filo spinato. Gli attacchi erano talmente violenti che le truppe austroungariche arrivarono a utilizzare, in circa mezza giornata, 200 tonnellate di munizioni per i fucili e le mitragliatrici. Messi alle strette, gli austriaci cercarono prontamente di rinforzare le loro posizioni.

Dieci battaglioni di Alpini assalirono l'Ortigara e costrinsero gli avversari ad ammassarsi sul monte Campigoletti. Quando ormai tutto sembrava perduto, gli austriaci riuscirono nell'insperato tentativo di salvarsi dalla resa con un terribile bombardamento sugli uomini all'Ortigara, costringendo gli Alpini ad arrendersi e a smettere di cercare di sfondare il fronte. **Il 25 giugno gli austriaci riconquistarono le trincee sull'Ortigara.**

La situazione venne quindi ribaltata: gli italiani si trovarono in una situazione molto delicata, arroccati sulla cima della Caldiera. I soldati, in un tentativo di ritirata, fuggivano alla rinfusa, respirando i gas asfissianti che avevano invaso la cima della Caldiera e che li colsero alla sprovvista. In seguito, le trincee dell'Ortigara vennero nuovamente assalite e la situazione si fece sempre più drammatica.

LA FINE DELLE OSTILITÀ

Dopo tre anni e mezzo di duri scontri, il 3 novembre del 1918 l'Italia e l'Austria-Ungheria firmarono l'armistizio e sancirono finalmente la fine della Grande Guerra. I caduti italiani furono 650.000, i feriti 947.000, i prigionieri e i dispersi circa 600.000. Su 350.000 Alpini

UNA CURIOSITÀ

Le "portatrici carniche" furono inquadrate in unità di rifornimento e retribuite con la stessa paga del soldato; avevano il compito di portare giornalmente in trincea, a circa 800 m di quota, 30-35 chili di munizioni e viveri e, al ritorno, di condurre a valle morti e feriti. Erano circa un migliaio e alcune di esse furono colpite a morte dal tiro dei cecchini; ottennero il diritto a sfilare con gli Alpini nel corso delle loro adunate nazionali.

SENTIERI

La cengia della Salvezza, sul Sentiero degli Alpini, uno stretto passaggio incavato nella roccia tra due pareti a forma di camino.

● **STRADE FERRATE**

Il passo della Sentinella è un valico alpino che segnava il confine tra il Regno d'Italia e l'Impero austroungarico. Al passo arriva tuttora la celebre strada ferrata costruita dagli Alpini.

● **UN FATTO**

Nell'ultima battaglia di Vittorio Veneto (24 ottobre - 4 novembre 1918) tra gli austroungarici si contarono 90.000 perdite, tra morti e feriti, e 426.000 prigionieri.

mobilitati i caduti furono, come già detto, 43.310 e i feriti 33.479. In Europa, invece, i morti si contarono a decine di milioni. Si trattò nel complesso di un conflitto quasi tutto combattuto da uomini contro uomini, svoltosi in particolar modo sui monti e sugli altopiani e combattuto dagli Alpini, insieme alle brigate di fanteria, ai soldati del genio e ai bersaglieri. Il Corpo degli Alpini portò i cannoni sulle alte creste delle montagne, a oltre 3.000 metri, scavò nei ghiacciai e nella roccia lunghissime gallerie, costruì funivie, **si rese protagonista di audaci imprese di rocciatori e di coraggiosi assalti all'arma bianca contro un avversario altrettanto valoroso:** *Kaiserjäger*, *Standschützen* e *Landesschützen*, anche loro forti montanari che dovevano fare i conti con il gelo e i pericoli della montagna.

In queste occasioni continuarono ad aumentare le canzoni che avrebbero reso sempre più celebre il Corpo degli Alpini. Con il passare del tempo, sono emersi dai ghiacciai ulteriori resti di questi valorosi combattenti, le cui spoglie, con i dovuti onori, sono state seppellite in uno dei numerosi cimiteri di guerra, nei quali sono riuniti tutti i soldati, senza bandiere di Corpo o di Nazione, senza gradi, ma semplici fratelli accomunati da un unico comune destino.

Subito dopo la vittoria del 1918, gli Alpini vennero inviati in Albania per stroncare una ribellione contro le truppe dell'Intesa che occupavano il Paese.

I VOLONTARI

Il Reparto Volontari Alpini Feltre e il Reparto Volontari Alpini Cadore, operanti sulle montagne venete e bellunesi, furono i più grandi raggruppamenti spontanei di giovani patrioti sorti con la Grande Guerra. Liberi o incorporati nei battaglioni dell'esercito regolare, come tutti gli altri reparti volontari, vennero mantenuti come un corpo a parte, prima in modo separato, e poi riuniti, dopo la disfatta di Caporetto, in un solo reparto sotto il nome di Volontari Alpini Feltre-Cadore. In quanto volontari, erano visti con diffidenza dai compagni ed erano poco graditi anche agli ufficiali dell'esercito regolare che **li impiegavano spesso in operazioni ritenute impossibili, nel presidio delle posizioni più pericolose e nei lavori più faticosi. Diedero prova di coraggio e straordinaria capacità combattiva non brillando, invece, per disciplina**; a causa della diversa età ed estrazione sociale litigavano spesso, ma li accomunava uno spirito di gruppo che è difficile trovare in altri reparti. Essi rappresentano l'unico corpo di volontari che rimase autonomo per tutta la durata conflitto, e combatterono dal Peralba alle Tofane, dalle Forame al Ponte di Vidor e sul Grappa, conquistando numerose onorificenze al valore. **Il reparto venne sciolto il 31 marzo del 1919.**

SOCCORSO AI FERITI

Sopra. Un Alpino porta fuori dalla battaglia un commilitone rimasto ferito caricandoselo sulle spalle. Alla fine del conflitto si contarono circa 950.000 feriti.

MESSA SUL CAMPO

Giugno 1917: Padre Giulio Bevilacqua celebra una messa sull'Ortigara prima dell'inizio della sanguinosa battaglia. Finita la guerra, il prelato fu presente alla prima e storica adunata degli Alpini sul monte Ortigara tenutasi dal 5 al 7 settembre del 1920.

A RICORDO DEL SACRIFICIO

DEGLI EROI E DI TUTTI I MORTI IN BATTAGLIA

I SACRARI MILITARI DELLA PRIMA GUERRA MONDIALE IN ITALIA SONO COMPLESSI ARCHITETTONICI E MONUMENTALI PROGETTATI E REALIZZATI PER ACCOGLIERE E COMMEMORARE LE SPOGLIE DEI SOLDATI MORTI IN GUERRA E CELEBRARNE IL CULTO CON CERIMONIE PUBBLICHE.

La memoria dei caduti e dei dispersi, più in generale di tutti i combattenti della Prima guerra mondiale, come di quelle successive, è custodita da alcuni importanti monumenti, che sono entrati a buon diritto a far parte della cultura italiana, nel senso più ampio dell'espressione, anche da un punto di vista artistico. Al primo posto tra tali monumenti si colloca quello a Vittorio Emanuele II, chiamato Vittoriano, con l'annesso Museo storico del Risorgimento, che si trova a Roma, in Piazza Venezia. Alla sua progettazione ed edificazione lavorarono gli architetti Ettore Ferrari, Pio Piacentini e Giuseppe Sacconi, seguiti da altri. I lavori cominciarono nel 1885 e si conclusero nel 1935, quando a questo grande complesso fu aggiunta, sotto la statua equestre di Vittorio Emanuele II, la cripta che doveva custodire la salma del cosiddetto "Milite Ignoto". Quest'ultima doveva simboleggiare tutti coloro che si erano sacrificati per gli ideali patriottici e la cripta che la conteneva fu chiamata Altare della Patria. Il nome con il tempo è entrato nell'uso, un po' impropriamente, anche per indicare tutto il complesso. Un picchetto d'onore presta permanentemente servizio a quello che è stato concepito come un tempio laico della Nazione.

● IL MILITE IGNOTO

L'Altare della Patria, al Vittoriano di Roma, dove riposa la salma del Milite Ignoto, un soldato italiano morto nella Prima guerra mondiale. Il monumento rappresenta tutti i caduti e i dispersi italiani in guerra.

REDIPUGLIA

Così si presenta il grande Sacrario militare di Redipuglia. La scalinata di 22 gradoni riporta iscrizioni che recano tutte la scritta "presente".

ALTRI SACRARI MILITARI

Altro esempio di conservazione della memoria, con particolare riferimento ai caduti della guerra contro l'Impero austroungarico, è rappresentato dal grande Sacrario militare di Redipuglia, nel Carso goriziano-monfalconese. Vi sono conservate le spoglie di oltre 100.000 caduti, che costituiscono solo una piccola ma significativa parte dei 689.000 soldati italiani morti nel 1915-1918. Più piccolo di dimensioni è, invece, il Sacrario del passo del Tonale (1.884 m), che si trova lungo la strada che mette in comunicazione la Val di Vermiglio, in Trentino, con la Val Camonica, in provincia di Brescia, e custodisce 847 salme di caduti italiani, 50 dei quali ignoti, provenienti da vari cimiteri di guerra. Anch'esso merita una menzione perché moltissime salme sono di Alpini.

IL SACRARIO DEL TONALE

Il Sacrario militare del Tonale, progettato dall'architetto Pietro Del Fabbro ampliando una struttura precedente, che consisteva in un monumento alla vittoria. Al centro c'è un basamento con la statua della Vittoria alata.

UNA CURIOSITÀ

Nel Sacrario militare di Redipuglia, tra le spoglie di migliaia di soldati, è seppellita anche una donna, una crocerossina, morta a 21 anni, di nome Margherita Kaiser Parodi; la sua tomba, in prima fila, è riconoscibile per la grande croce scolpita.

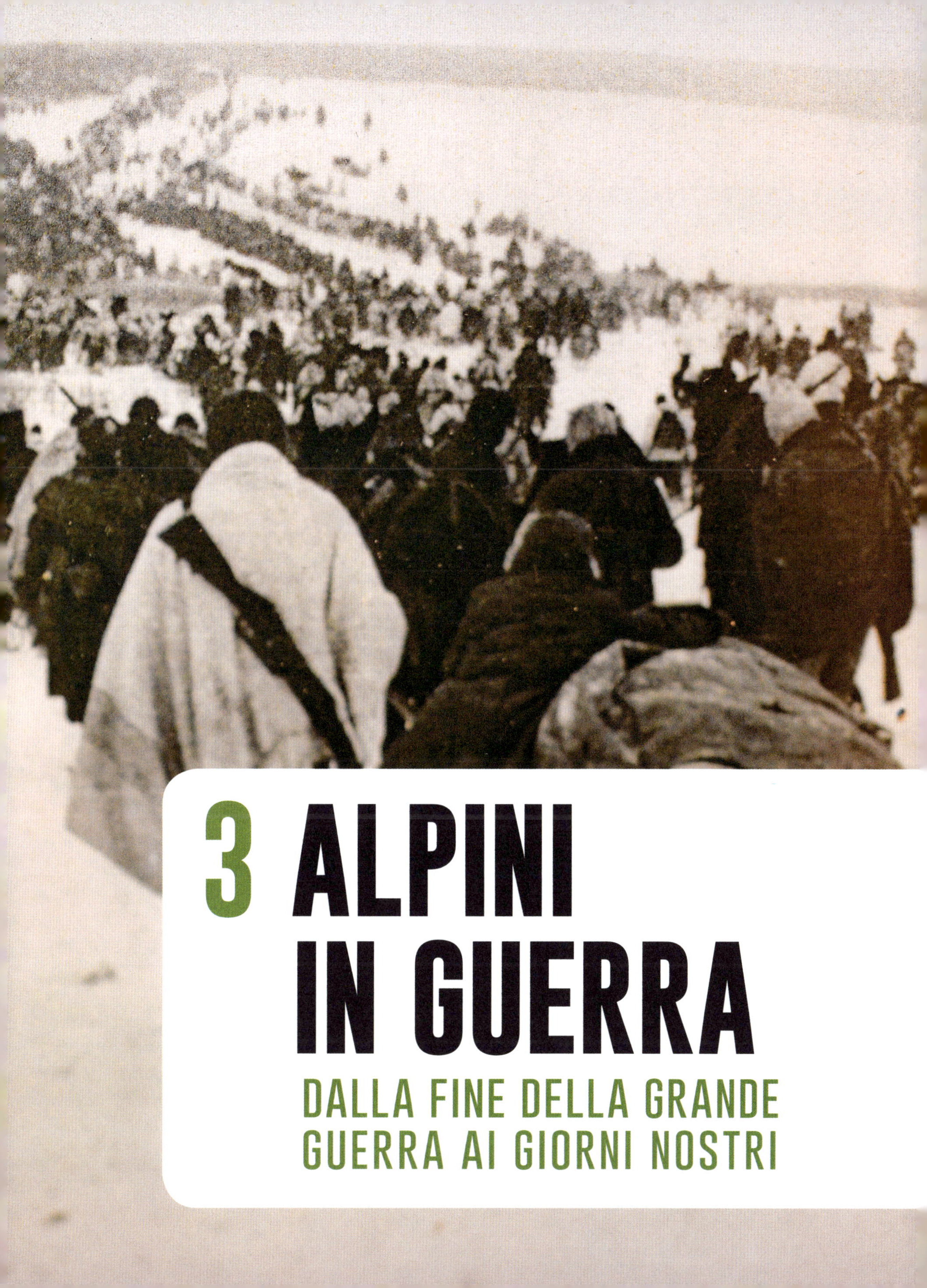

3 ALPINI IN GUERRA

DALLA FINE DELLA GRANDE GUERRA AI GIORNI NOSTRI

3 ALPINI IN GUERRA

DALLA FINE DELLA GRANDE GUERRA AI GIORNI NOSTRI

FINITA LA GRANDE GUERRA, GLI ALPINI FURONO SUBITO IMPIEGATI IN OPERAZIONI MILITARI A OLTRE 10.000 CHILOMETRI DAI TERRITORI NEI QUALI AVEVANO COMBATTUTO.

1918-1919: IN SIBERIA

Nella primavera del 1918 il governo italiano si attivò presso i propri rappresentanti a Tsientsin affinché rendessero possibile impiegare a scopi militari una parte dei numerosi ex prigionieri di guerra austroungarici di origine italiana che, dopo il loro rilascio a seguito del crollo dello zarismo e per l'infuriare della guerra civile tra i Bianchi e i Rossi, si erano spostati in Siberia nella speranza di potere, da lì, fare ritorno in Europa. Pare che questi ex prigionieri fossero 10.000, su un totale di 23.000, e si trovassero concentrati a Vladivostok.

Con il supporto di truppe appositamente inviate dall'Italia, un nucleo di questi uomini avrebbe dovuto formare un Corpo di spedizione dell'Estremo Oriente. Tale corpo avrebbe dovuto affiancare le truppe delle altre potenze dell'Intesa (Giappone, Stati Uniti, Gran Bretagna e Francia) e della cosiddetta Legione cecoslovacca, già operanti nella regione e impegnate a fianco dei Bianchi, guidati dall'ammiraglio Kolčak contro i Bolscevichi.

A Roma si riteneva che fosse importante dare un contributo alla sconfitta del governo rivoluzionario di Mosca, indebolendone anche l'influenza in Europa e disponendo così di una carta in più da giocare nel corso delle trattative di pace che si sarebbero dovute concludere a Versailles.

Grazie all'attività svolta da un singolare personaggio, Andrea Compatangelo, affarista ben inserito nella Russia prebellica autoproclamatosi capitano, era stato attrezzato a Samara un treno armato ed era stato costituito un reparto di volontari con numerosi ex prigionieri di guerra. Composto da alcune centinaia di uomini, era stato chiamato Battaglione Savoia. Compatangelo e i suoi uomini si spostarono a Vladivostok, combattendo a ogni sosta; raggiun-

UNA CURIOSITÀ

Gli "irredenti", inquadrati in compagnie di circa 200 uomini, erano stati riequipaggiati con divise giapponesi e indossavano un cappello alpino con coccarda tricolore.

ta la destinazione, Compatangelo scomparve e il suo battaglione fu assorbito nella formazione che, con gli altri ex prigionieri di origine italiana, stava organizzando nel frattempo il maggiore Cosma Manera, ufficiale dei carabinieri. Nacque così la Legione Redenta, strutturata nei cosiddetti Battaglioni Neri (dal colore delle mostrine che portavano i soldati), i cui membri, circa 2.000, dichiarandosi disposti ad arruolarsi nel Regio Esercito, guadagnarono il nuovo nome di "redenti".

UNA CURIOSITÀ

Nel 1918, dopo aver occupato Krasnojarsk, Compatangelo affidò la gestione di un ospedale cittadino a una crocerossina che si dice fosse una granduchessa appartenente alla famiglia dei Romanov.

1918-1919: IN CINA

Dall'Italia giunse a Tientsin un piroscafo con circa 700 uomini (un battaglione di fanteria, una sezione di carabinieri e una sezione di artiglieria alpina). **Venne così costituito il Corpo di spedizione italiano, che superava i 2.500 uomini ed era comandato dal tenente colonnello Vittorio Filippi di Baldissero.**

Il corpo aveva compiti di controllo del territorio intorno a Vladivostok, ma partecipò anche a numerose azioni a ridosso della fer-

A VLADIVOSTOK

Parata delle truppe dell'Intesa a Vladivostok, nell'ottobre del 1918. Dentro e fuori dalla città erano acquartierati 70.000 giapponesi, 5.000 americani, 1.400 italiani, 800 britannici e un centinaio di francesi.

rovia transiberiana, scontrandosi con successo nel maggio-giugno 1919 con l'Armata Rossa. Il prevalere di quest'ultima nella guerra civile contro i Bianchi impose tuttavia il ritiro delle truppe italiane. Anche i "redenti" tornarono in Italia.

ALPINI AL POLO NORD

Il 24 maggio del 1928, il dirigibile Italia, costruito su progetto del generale Umberto Nobile e facente parte di una spedizione alla conquista dell'Artico, sorvolò il Polo Nord e al ritorno, il 25, finì in una terribile tempesta che gli fece perdere quota fino a schiantarsi sul pack: la gondola di comando si distrusse nell'impatto e 10 uomini vennero sbalzati sui ghiacci, mentre i restanti 6 membri dell'equipaggio rimasero a bordo dell'involucro. **Di questi ultimi e del dirigibile non si seppe più nulla mentre, tra i 10 superstiti, il generale Nobile, pur ferito, riuscì a mandare una richiesta di soccorso via radio.** I primi a muoversi con una baleniera furono gli Alpini della spedizione, con a capo l'ufficiale Gennaro Sora, che il 18 giugno del 1928 partirono dal campo base, nella baia del Re delle isole Svalbard, alla ricerca di Nobile e del suo equipaggio. Quello di Sora fu un atto

GENNARO SORA

Il capitano Gennaro Sora che, nel 1928, partecipò alla sfortunata spedizione alla conquista del Polo Nord guidata da Umberto Nobile.

di insubordinazione rispetto agli ordini del comandante della nave appoggio ancorata nella baia, che invece suggeriva cautela. La spedizione di soccorso però non ebbe successo e Sora si trovò a mal partito.

Un altro gruppo di ricerca fu coordinato dall'esploratore norvegese Roald Amundsen, che nell'occasione perse la vita precipitando con il suo aereo. Un idrovolante italiano riuscì a individuare finalmente la "tenda rossa" dei superstiti dell'Italia. La denominazione "tenda rossa", entrata poi nella storia, ebbe origine dal fatto che i naufraghi avevano versato anilina sul telo per rendere visibile il luogo dove si trovavano. Il 24 giugno Nobile, contro la sua volontà, fu tratto in sal-

APPROFONDIMENTO

GENNARO SORA. *Nel 1915, tra i commilitoni di Sora c'era Cesare Battisti che soprannominò il comandante del Battaglione Alpini Edolo con l'epiteto di "Muscoletti" per la sua forma fisica bassa e tarchiata. Durante la guerra, Sora, che era nato nel 1892, condusse contro gli austriaci azioni spericolate, al limite della guerriglia, dove la velocità e la sorpresa erano fondamentali. Per esempio, una volta, al comando di sette Alpini, si lanciò di corsa saltando di roccia in roccia sotto il fuoco delle mitragliatrici per scalzare una postazione austriaca da una cresta antistante Punta Albiolo.*

ALLE SVALBARD

Al centro. Alpini alle isole Svalbard, a circa 1.000 chilometri dal Polo Nord; essi facevano parte del piccolo contingente di Penne Nere aggregato alla spedizione del 1928 del generale Umberto Nobile.

VERSO IL POLO NORD

Sopra. Partito da Roma il 19 marzo del 1928, il dirigibile Italia, con Umberto Nobile a bordo, raggiunse Baggio (Milano), da dove iniziò il viaggio di circa 6.000 chilometri verso l'Artico, facendo tappa a Stolp (Pomerania) e a Vadsö (Norvegia) fino alla baia del Re nelle isole Svalbard. Qui fu stabilito un campo base e poco dopo giunse anche una nave appoggio.

1935

Soldati italiani diretti in Abissinia salgono sui treni in partenza dalla stazione di Montevarchi (Arezzo).

vo da un aereo svedese, incaricato di prelevarlo per primo affinché potesse coordinare i soccorsi. Sora e gli altri vennero individuati il 12 luglio. A raccogliere gli altri uomini della "tenda rossa" fu la nave rompighiaccio sovietica Krassin.

Sora, che non ricevette alcuna punizione per aver disatteso l'ordine di un superiore, passò alla storia per lo spirito eroico che aveva mostrato dedicandosi per un mese, in condizioni estreme, alla ricerca del capo della spedizione.

1935: ANCORA IN ETIOPIA

Nell'autunno del 1935 la guerra per la conquista dell'Etiopia (comunemente chiamata Abissinia) da parte delle forze italiane, progettata già da alcuni anni, aveva l'obiettivo di rafforzare il regime di Mussolini nel Paese attraverso la creazione di un Impero nell'Africa orientale, utile anche come contrappeso all'aggravamento della situazione politica in Europa, dove troppi ostacoli impedivano una proiezione consistente degli interessi nazionali nei Balcani. Inoltre, sul piano propagandistico, **il governo di Mussolini sfruttò abilmente la decisione, troppo a lungo rinviata, di lavare l'onta dell'umiliante sconfitta che le forze abissine, respingendo un primo tentativo di occupazione, avevano inflitto alle truppe italiane ad Adua nel 1896.**

UNA FRASE

«Per conquistare l'Etiopia ci vogliono gli Alpini.» Così aveva scritto a Benito Mussolini il maresciallo d'Italia Pietro Badoglio.

Dopo uno scontro nell'oasi di Ual Ual, al confine tra Etiopia e Somalia, che gli Etiopi tentarono di riconquistare accusando l'Italia di essersene illegalmente impadronita, **Mussolini rifiutò l'intermediazione della Società delle Nazioni e il 3 ottobre avviò, senza dichiarazione formale di guerra, le operazioni militari.** Sette mesi dopo, l'esercito del negus, male armato, cedette alle soverchianti forze avversarie (quasi 600.000 uomini dotati di aerei, cannoni, mitragliatrici, carri armati, mezzi di trasporto e gas asfissianti, in una mobilitazione che fece definire il conflitto "la più grande guerra coloniale della storia") e il 5 maggio del 1936 il generale Pietro Badoglio entrò nella capitale, Addis Abeba, mentre a sud si concludeva con successo l'avanzata del generale Rodolfo Graziani dalla Somalia. Quattro giorni dopo, in Italia venne pomposamente proclamata la nascita dell'Impero coloniale italiano e Vittorio Emanuele III poté fregiarsi del titolo di imperatore d'Etiopia.

Nel corso del conflitto morirono circa 4.000 soldati italiani e il Regio Esercito manifestò una lunga serie di deficienze, che però vennero ignorate da Mussolini e da quanti si lasciarono illudere da una facile vittoria. Inoltre, l'aggressione italiana fu macchiata da gravi crimini di guerra nei confronti della popolazione civile, suscitando una forte indignazione internazionale, che fu alla base dell'approvazione da parte della Società delle Nazioni di sanzioni contro l'Italia sia pure senza conseguenze di rilievo (furono ritirate in luglio).

VERSO MACALLÈ

Reparti di Ascari comandati da ufficiali italiani nell'aspro territorio del Tigrai e diretti a Macallè, che verrà occupata l'8 novembre del 1935 (disegno da una copertina de "L'illustrazione italiana").

IN ABISSINIA

Pietro Badoglio, comandante del corpo di spedizione in Abissinia, in uno scatto del 1936.

È vero, peraltro, che sul fronte interno la conquista dell'Etiopia valse a Mussolini e al suo regime il massimo del consenso popolare raggiunto durante il Ventennio.

LA DIVISIONE PUSTERIA

Gli Alpini parteciparono alla campagna d'Etiopia sul fronte nord. A Massaua sbarcarono infatti circa 14.000 uomini, inquadrati nella 5ª Divisione Pusteria al comando del generale Luigi Negri Cesi. **Costituita appositamente il 31 dicembre del 1935, questa unità, che si**

APPROFONDIMENTO

LA CONQUISTA DELL'UORK AMBA. *Il lato destro dell'armata etiopica aveva stabilito presso la Montagna d'oro,* Uork Amba *nella lingua locale, un forte punto di resistenza che bloccava la strada dove stavano convergendo le forze italiane. Durante la notte del 27 febbraio del 1936, un commando composto da 150 tra Alpini del 7° Battaglione Complementi e Camicie Nere, armato di granate e pugnali, iniziò a scalare l'amba. All'alba gli abissini scoprirono che la cima nord era stata presa dal plotone comandato da Tito Polo; per tutta la durata del giorno cercarono di riprendere la posizione, ma gli Alpini riuscirono a resistere mantenendo il controllo della cima.*

ARRAMPICATA

Cartolina celebrativa che mostra un reparto di Alpini in arrampicata alla conquista dell'Uork Amba.

ARTIGLIERIA

Obice da 100/17 Mod. 14 *utilizzato dalle truppe italiane nella seconda battaglia del Tembien, svoltasi tra il 27 e il 29 febbraio del 1936.*

imbarcò in parte a Livorno e in parte a Napoli tra il 6 e il 20 gennaio del 1936, fu attiva in tutte le fasi del conflitto. Essa era così composta: 7° Reggimento (Battaglioni Feltre, Pieve di Teco ed Exilles), 11° Reggimento (Battaglioni Trento, Intra e Saluzzo), 5° Reggimento Artiglieria Alpina (Gruppi Belluno e Lanzo, integrati da batterie provenienti dai Gruppi Susa, Mondovì, Asti, Conegliano e Vicenza), 7° e 11° Battaglione Complementi e 5ª Compagnia Mista Genio.

La Divisione, assegnata al 1° Corpo d'Armata e spedita nella zona di Macallè, da fine gennaio in poi partecipò a vari combattimenti (nel Tigrai, sull'Amba Aradam, sull'Amba Alagi, nel Tembien, nella conca di Mai Ceu – dove tre battaglioni di Alpini si distinsero insieme agli Ascari, soprattutto sull'Amba Bohorà, contro la Guardia Imperiale del negus – e nella zona del lago Ascianghi).

LA NASCITA DELL'IMPERO

Le forze del negus, che pure si batterono al meglio delle loro possibilità, vennero sconfitte ripetutamente, grazie anche all'impiego massiccio dell'aviazione, e gli italiani (che utilizzavano automezzi in quantità) ebbero la strada aperta verso Addis Abeba. Iniziò così quella che il generale Badoglio definì, con esagerata retorica, la

LA VITTORIA

La copertina de "La Domenica del Corriere", nell'edizione del 27 dicembre del 1936 illustrata da Achille Beltrame, celebra la vittoria dell'Italia contro l'Etiopia.

TOMMASO RISI

Cartolina con il nuovo nome del 7° Battaglione Complementi della Divisione Pusteria. La nuova denominazione fu decisa il 15 marzo del 1936 dal maggiore Tommaso Risi.

"marcia della ferrea volontà". Questa marcia si concluse il 5 maggio con l'ingresso nella capitale. A sud, colui che la propaganda fascista definì, dopo la conquista di un obiettivo assolutamente secondario dal punto di vista militare, il "leone di Neghelli", cioè il generale Graziani, riuscì, pochi giorni dopo, a occupare le importanti località di Harar e Dire Daua grazie alla superiorità dei mezzi di cui disponeva rispetto alle forze etiopiche.

Naturalmente gli Etiopi non cessarono la lotta. Coloro che non vollero sottomettersi, chiamati spregiativamente dagli italiani *sciftà*, ossia «fuorilegge», si diedero a operazioni di guerriglia nelle zone rurali e montane del Paese. Tali manovre, pur senza mettere in pericolo la tenuta delle autorità coloniali, continuarono per tutta l'esistenza dell'Africa Orientale Italiana, fino alla sua eliminazione definitiva da parte degli Inglesi nel 1941.

UN FATTO

Dopo il congedo, molti Alpini decisero di restare nell'Africa Orientale Italiana avendo ricevuto delle offerte vantaggiose: avevano trovato così il loro "posto al sole".

GLI ALPINI RIMASTI IN AFRICA ORIENTALE

Nell'aprile del 1937, la Divisione Pusteria, con sole 220 perdite, rientrò in Italia, mentre rimase in Africa il Battaglione Alpini Uork Amba (un po' più di un migliaio di uomini che prolungarono la loro ferma). Si trattava dell'originario 7° Battaglione Complementi agli ordini del tenente colonnello Ferdinando Casa. Nel febbraio del 1936 il nome del battaglione era stato cambiato su proposta del nuovo comandante, il maggiore Tommaso Risi, per celebrare un'azione particolarmente significativa durante una delle battaglie che si svolsero nel Tembien.

Gli Alpini del Uork Amba combatterono eroicamente nel 1940-1941 sacrificando buona parte dei loro effettivi.

1936: VOLONTARI ALPINI IN SPAGNA

Fra le truppe italiane inviate in Spagna durante la sanguinosa guerra civile del 1936-1939 erano presenti anche gli Alpini.

Franco chiese aiuto alla Germania e all'Italia contro i repubblicani. I due Paesi aggirarono le decisioni non interventiste della Società delle Nazioni rispondendo con reparti di volontari. Hitler mise a disposizione dei nazionalisti la Legione Condor, al comando del generale Hugo Sperrle (100 aerei e 5.000 uomini), e vari armamenti (cannoni e carri armati), che furono testati sul campo.

Il contributo fornito da Mussolini fu nettamente superiore, raggiungendo la consistenza di un grande Corpo d'Armata: il Corpo Truppe Volontarie, comandato in successione da Mario Roatta, Ettore Bastico, Mario Berti e Gastone Gambara, allineò circa 75.000 uomini con relativo armamento, mentre l'aviazione legionaria italiana movimentò 800 aerei e la Marina si impegnò in varie azioni.

LA MARCIA DEI VOLONTARI

In basso a sinistra. Soldati del Corpo Truppe Volontarie (CTV) in marcia.

CTV IN SPAGNA

Cartolina postale commemorativa delle operazioni del Corpo Truppe Volontarie in Spagna nel 1937 in un disegno di Clemente Tafuri.

TRUPPE IN ALBANIA
Sbarco di Alpini in un campo di aviazione in Albania nel mese di novembre del 1940.

I volontari provenienti dagli Alpini (circa 7.000), organizzati nella Divisione Penne Nere comandata dal generale Luigi Nuvoloni, parteciparono tra l'altro, mettendosi in luce dal punto di vista della combattività, alla battaglia di Guadalajara (1937), che la propaganda dei repubblicani esaltò come una grande vittoria, mentre secondo gli storici militari fu solo un episodio di una lunga guerra di logoramento.

UN FATTO

Nel 1947, due anni dopo la fine della Seconda guerra mondiale, gli italiani rimasti in Albania erano 24.000, di cui 18.500 militari e 5.000 civili; furono tutti rimpatriati salvo una piccola minoranza che decise di rimanere.

1939: IN ALBANIA

Poco meno di vent'anni dopo le operazioni compiute dall'Italia nell'Albania meridionale durante la Prima guerra mondiale, nel 1939 gli Alpini, dopo le difficoltà nella stipula di un trattato tra i governi dei due Paesi, arrivarono nuovamente sulle coste di Durazzo e Valona. Intento di Mussolini era quello di estendere alla sfera politica il dominio che l'Italia aveva già instaurato in campo economico con la creazione su capitali italiani di una Banca Nazionale d'Albania (cui spettava l'esclusività dell'emissione di moneta) e con l'accordo del 1926, attraverso il quale le risorse petrolifere

APPROFONDIMENTO

L'ARRIVO DELLE TRUPPE A DURAZZO. *Le cronache dell'occupazione riferiscono un singolare episodio che si verificò all'arrivo delle truppe italiane a Durazzo. Un piroscafo trasportava muli in una certa quantità; questi, privi di basto, finimenti e cavezza, sbarcarono "da soli" e iniziarono a scappare dal porto sparpagliandosi nelle strade della città. Si faticò non poco a recuperarli dopo che avevano assaporato il loro momento di libertà.*

della zona di Devoli erano state affidate in gestione all'Azienda Italiana Petroli Albania (AIPA). Dopo l'*Anschluss* dell'anno precedente, con l'annessione dell'Austria alla Germania, **il governo di Roma ritenne necessario assicurarsi un controllo pieno dell'Adriatico, trasformando l'Albania in una testa di ponte verso tutti i Balcani,** per controbilanciare una possibile spinta espansionistica tedesca.

L'occupazione militare avvenne il 7 aprile del 1939 senza incontrare significative resistenze da parte dell'esercito locale, addestrato per lo più da ufficiali italiani. Re Zog e il suo governo fuggirono in Grecia. Iniziò una fase nel corso della quale si trasferirono nell'arretratissima Albania alcune migliaia di coloni, mentre 20.000 lavoratori italiani furono impegnati temporaneamente nella costruzione di strade, ferrovie e altre infrastrutture. Vittorio Emanuele III divenne, oltreché imperatore d'Etiopia, anche re

SBARCO IN ALBANIA

Sbarco delle Penne Nere a Durazzo fra il 14 e il 16 aprile del 1939.

RILEVAMENTI

Due Alpini della Divisione Julia fotografati mentre effettuano rilievi sulle montagne dell'Albania.

L'ITALIA IN GUERRA

CON LA GERMANIA CONTRO FRANCIA E GRAN BRETAGNA

«COMBATTENTI DI TERRA, DI MARE, DELL'ARIA. CAMICIE NERE DELLA RIVOLUZIONE E DELLE LEGIONI. UOMINI E DONNE D'ITALIA, DELL'IMPERO E DEL REGNO D'ALBANIA. ASCOLTATE! UN'ORA, SEGNATA DAL DESTINO, BATTE NEL CIELO DELLA NOSTRA PATRIA. L'ORA DELLE DECISIONI IRREVOCABILI.»
BENITO MUSSOLINI, 10 GIUGNO 1940, ORE 18:00

● **L'ANNUNCIO**
Benito Mussolini, il 10 giugno del 1940, mentre annuncia la dichiarazione di guerra a Francia e Gran Bretagna dal balcone di Palazzo Venezia a Roma.

All'inizio della Seconda guerra mondiale Mussolini, basandosi sulle valutazioni dei capi delle forze armate, secondo i quali non era possibile per l'Italia affrontare una guerra prolungata, tenne una posizione di "non belligeranza", equivalente, secondo alcuni storici, al riconoscimento di un fallimento: quello della pretesa che l'Italia fosse una grande potenza. Tale pretesa aveva improntato le mosse in campo internazionale del governo di Roma fino al 1939. Ma l'offensiva di Hitler contro la Polonia e il suo attacco in Occidente contro la Francia segnarono in qualche modo la fine di un bluff, sia pure di successo, dell'Italia, che tornò di fatto a essere una media potenza incapace di affrontare in modo autonomo il conflitto avviato dall'alleato tedesco.
La non belligeranza si protrasse dal settembre

LA STAMPA

IL DUCE HA PARLATO

La dichiarazione di guerra all'Inghilterra e alla Francia

"Scendiamo in campo contro le democrazie plutocratiche e reazionarie dell'occidente„ Svizzera, Jugoslavia, Grecia, Turchia, Egitto, per quanto dipende da noi, non saranno coinvolti nel conflitto - "La parola d'ordine è una sola: vincere. E vinceremo„

GUERRA!

Il quotidiano "La Stampa" di Torino riporta la notizia della dichiarazione di guerra alla Francia e alla Gran Bretagna da parte dell'Italia (11 giugno 1940).

UN FATTO

Il 31 marzo del 1940 Mussolini redasse il cosiddetto "promemoria segretissimo" nel quale riteneva poco probabile una pace negoziata e analizzava l'atteggiamento da tenere di fronte alla guerra ormai data per imminente.

1939 al giugno dell'anno successivo, quando Mussolini cercò di modificare una politica estera che non era più il caso di continuare se, come tutto lasciava credere, Hitler fosse riuscito ad avere ragione degli avversari imponendo un nuovo ordine in Europa. L'Italia, secondo Mussolini, non poteva restare neutrale, senza rinunciare al ruolo che si era data, e doveva intervenire per tempo nel conflitto, nella speranza che le vicende della guerra le offrissero una possibilità di riaffermarsi in campo internazionale. Qui sta il retroterra della decisione di dichiarare guerra alla Francia e alla Gran Bretagna nel giugno del 1940, contro le valutazioni dei responsabili delle forze armate che restarono, a dispetto di ciò che sosteneva la propaganda, le stesse di prima, e anche contro le resistenze, oltre che di costoro, della monarchia, degli altri "poteri forti" e di alcune componenti dello stesso regime fascista, che nulla fecero per agevolare il progetto di Mussolini, giungendo in certi casi a comportamenti che furono veri e propri ostacoli nei confronti dell'intervento.

IL PASSAGGIO DELLA FRONTIERA

Giugno 1940: soldati italiani attraversano il confine con la Francia a bordo di un Carro Veloce CV33, *un mezzo corazzato leggero.*

L'OPINIONE DEGLI STORICI

Buona parte degli storici rifiuta ormai la tesi dell'appiattimento di Mussolini sulla politica hitleriana. La decisione di passare alla belligeranza non fu, pertanto, secondo i calcoli di Mussolini, un "salto nel buio" bensì un passo obbligato. Da un punto di vista strettamente militare, i limiti delle forze armate italiane (che il capo di Stato Maggiore delle tre Armi Pietro Badoglio aveva indicato in una lettera del 1940 con una preparazione alla guerra europea non superiore a una percentuale del "40 per cento") non impedivano che, come ha sottolineato uno degli specialisti della materia, Giorgio Rochat, esse potessero agire efficacemente se impiegate su obiettivi proporzionati alle loro possibilità e nel quadro di un'alleanza con la Germania diversamente impostata. Se c'è un dato che avvalora la tesi di Rochat, esso è rappresentato proprio dal modo in cui il Corpo degli Alpini partecipò al conflitto.

CONFINE FRANCESE

Alpini con un pezzo di artiglieria in marcia di avvicinamento al confine francese nel 1940.

d'Albania. **In totale le truppe inviate nel "paese delle aquile" ammontarono a 22.000 soldati delle varie armi. In dicembre era operativa a tutti gli effetti la Divisione Alpina Julia.**

La spedizione italiana nacque sotto il segno della disorganizzazione. Sulla costa gli Alpini rimasero poche settimane, poi vennero sparpagliati sul territorio attraverso le montagne, divenute raggiungibili grazie alle strade costruite dal Genio militare e dai lavoratori inviati nel Paese. L'estate fu molto calda e le perdite per malaria toccarono il 30% degli effettivi. L'inverno fu particolarmente freddo e le truppe dovettero affrontarlo senza protezioni adeguate. Nel giugno del 1940, inoltre, gli Alpini, a causa dell'introduzione delle leggi razziali, furono posti di fronte al problema di allontanare dai reparti gli ufficiali e i soldati di origine slava, non soltanto quelli provenienti dalle zone annesse nella guerra del 1915-1918, ma anche dalle terre incorporate settant'anni prima. Furono le forti proteste dei vertici militari a ridimensionare l'applicazione di quelle misure, impedendo alla Julia di uscirne troppo indebolita.

UNA FRASE

«Ho bisogno soltanto di qualche migliaio di morti per potermi sedere da ex belligerante al tavolo delle trattative.» Così disse Mussolini prima dell'entrata in guerra dell'Italia.

1940: SULLE ALPI OCCIDENTALI

All'inizio delle ostilità, gli Alpini furono mandati all'attacco con quattro divisioni schierate sul fronte con la Francia. Questa stava

APPROFONDIMENTO

LE FORZE FRANCESI. *Il* Secteur Fortifié des Alpes Maritimes *contava nella zona di sua competenza tre battaglioni di fanteria. Sullo spartiacque alpino erano dislocate le celebri* Sections Eclaireurs Skieurs, *piccole unità facenti parte di ogni battaglione del 6°* Corps d'Armée. *All'inizio della guerra questi reparti specializzati avrebbero dovuto occupare i principali punti strategici al confine con l'Italia, tra cui La Colle, Plan du Lion, Roc d'Ormea, Castellar Vieil, Colla Bassa e Col du Razet. Una brigata di* Eclaireurs Motocyclistes *controllava Mentone e la zona di Garavan.*

per cedere all'offensiva tedesca che aveva ricalcato il piano operativo seguito durante la Prima guerra mondiale. Le divisioni alpine schierate dall'Italia erano: la Taurinense, lungo la vallata della Dora Baltea; la Tridentina, in seconda schiera nella stessa vallata; la Pusteria, nella val Tanaro, tra Garessio e Ormea; la Cuneense, nella valle Gesso tra Borgo San Dalmazzo e Caraglio. Questi reparti erano inquadrati nel Gruppo Armate Ovest (oltre 315.000 uomini con 3.000 cannoni). Di fronte a loro si trovava l'*Armée des Alpes*, che non toccava le 200.000 unità, ma che si avvaleva di un buon sistema di fortificazioni adatto al terreno e attrezzato con un complesso di oltre 400 opere servite da una buona rete stradale e ferroviaria.

Alle difficoltà oggettive del teatro operativo si aggiunsero gli equivoci della strategia italiana, sottoposta alle prevaricazioni delle esigenze politiche del regime di Mussolini. Tre giorni prima della dichiarazione di guerra dell'Italia alla Francia e alla

UNA FRASE

«Attaccare la Francia dalle Alpi sarebbe come pretendere di sollevare un fucile afferrandolo per la punta della baionetta.» Così scriveva il generale prussiano Carl von Clausewitz agli inizi del 1800.

SULLO SPARTIACQUE

Battaglione Alpini Val Dora sul colle della Pelouse, tra la Val di Susa e l'Alta Moriana, nel giugno del 1940. Fotografia da "L'illustrazione italiana" del 19 luglio del 1942.

SUL MONTE BIANCO

Alpini con un fucile mitragliatore Breda 30 *in una zona del massiccio del Monte Bianco nel 1940.*

UNA CURIOSITÀ

Durante la battaglia delle Alpi occidentali, gli italiani ebbero 631 morti (59 ufficiali e 572 soldati), 616 dispersi e 2.631 tra feriti e congelati.

Gran Bretagna, il 7 giugno, il capo di Stato Maggiore dell'esercito, il maresciallo Rodolfo Graziani, aveva infatti comunicato al Gruppo Armate Ovest che di fronte alla Francia doveva «mantenersi contegno assolutamente difensivo».

Mussolini volle invece accelerare l'intervento, per non porre il Paese in condizione d'inferiorità rispetto a Hitler che stava vincendo la partita con Parigi, dove le truppe tedesche sarebbero entrate il 14 giugno. Se l'Italia avesse conservato la posizione di non belligeranza, si sarebbe privata, nella valutazione del capo del governo, di qualsiasi ruolo nella politica europea dopo il successo della *Wehrmacht* contro la Francia. Quest'ultima considerò la mossa di Mussolini come una "pugnalata alla schiena".

L'esercito italiano si trovò così a dover agire senza un'adeguata preparazione, anche se allineò un numero di soldati superiore a quello francese. Le truppe furono disposte lungo il confine, ma l'artiglieria restò piuttosto arretrata e nei primi giorni di belligeranza vi furono soltanto brevi scaramucce e poche azioni di attacco. Gli italiani contarono i primi caduti anche tra gli Alpini. Il movimento offensivo vero e proprio iniziò solo il 21 giugno, con tutte le divisioni alpine in prima linea. L'esito non fu entusiasmante. Le linee francesi vennero superate oltre il Piccolo San Bernardo, nella zona settentrionale, e, in quella centrale, gli italiani penetrarono nella valle del Ribon (Moncenisio). A sud le operazioni iniziarono, invece, solo il 23 a causa della lontananza dei reparti dalla linea di confine. Il clima poi non risultò per nulla favorevole all'offensiva, tanto che alla fine più di 2.000 uomini ne uscirono congelati. Tuttavia il 24 il maresciallo Pétain avanzò una richiesta di armistizio – già era stato firmato quello con la Germania – e la campagna delle Alpi si fermò necessariamente.

1940-1941: IN AFRICA ORIENTALE

In Africa orientale lo scoppio del conflitto pose problemi giganteschi alle truppe italiane che, per quanto numerose (circa 300.000 uomini), si trovarono con una scarsa riserva di armi e munizioni. Dall'Italia, visto che si era consapevoli dell'impossibilità di conservare a lungo l'Impero, fino al giugno del 1940 erano stati inviati solo mezzi sufficienti al contrasto della guerriglia. L'aviazione dell'Impero era antiquata e poco numerosa, per non parlare della Marina. **Ciò nonostante fu possibile la conquista della Somalia britannica, quella di Cassala in Sudan e si riuscì anche a penetrare in Kenya.**

In un primo momento gli inglesi si limitarono a stimolare e aiutare la resistenza antitaliana e a tale scopo portarono l'esule negus nella capitale del Sudan (luglio 1940) affiancandogli la *Gideon Force* del famoso maggiore Orde Charles Wingate.

● AMBA ALAGI

In alto. «Non è finita la guerra: in queste terre, ancora una volta irrorate dal sangue italiano, per la maggior grandezza della nostra Patria, presto RITORNEREMO», dal telegramma inviato dal Duca d'Aosta a Mussolini, nel maggio del 1941.

● LA DIFESA DI CHEREN

Cartolina commemorativa del Battaglione Uork Amba, che si batté valorosamente contro gli inglesi in Africa orientale, soprattutto nella difesa di Cheren.

IL VALLO ALPINO OCCIDENTALE

DAL 1940 PARTE DEL VALLO ALPINO DEL LITTORIO

3

FORTI, BUNKER, BARACCAMENTI, BATTERIE, CASERME, RICOVERI E STRADE MILITARI SU TUTTO L'ARCO ALPINO AL CONFINE CON LA FRANCIA FURONO LA BASE PER LA COSTRUZIONE, IN EPOCA FASCISTA, DI UN SISTEMA DI SBARRAMENTO E DIFESA DEL CONFINE ITALIANO NEI CONFRONTI DELLA NAZIONE D'OLTRALPE.

Le prime fortificazioni sulle Alpi occidentali che segnano il confine con la Francia risalgono alla fine del XVIII secolo e furono costruite dagli Austro-Piemontesi per contrastare eventuali attacchi francesi. Con l'avvento del fascismo e a causa dei non buoni rapporti con Parigi, il sistema di sbarramento e difesa del confine italiano venne rafforzato soprattutto nella val Roja, sopra Ventimiglia, e, salendo verso nord, sul colle della Lombarda, a Vinadio, sull'Argentera, sul Colle dell'Agnello e sul Moncenisio, fino al confine con la Svizzera. Gli fu dato anche il nome alternativo di Vallo Alpino del Littorio. Particolare attenzione fu posta nella costruzione delle opere difensive della Val di Susa, con i forti Chaberton a Cesana, Pramand a Salbertrand, Paradiso e La Court sul Moncenisio, essendo questa considerata la parte più vulnerabile del confine. Il sistema fu presidiato dalla Guardia alla Frontiera fino all'abbandono della non belligeranza da parte dell'Italia.
I forti e i "centri di fuoco" disponevano di batterie

● **SISTEMA DIFENSIVO**

Il Castel Tournou, opera 243 del Caposaldo di Monte Corto-Monte Bertrand, a quota 1.340 metri, parte del Secondo Sistema Difensivo del Secondo Settore di Copertura Alta Roja-Gessi, nel Vallo Alpino Occidentale.

● **FORTIFICAZIONI SABAUDE**

Le fortificazioni del Colle di Tenda, risalenti alla fine del 1800, ristrutturate e utilizzate a protezione del confine del cosiddetto Vallo Alpino Occidentale.

UNA DATA

1931. Con la circolare 200 lo Stato Maggiore del Regio Esercito emanava le prime disposizioni sul metodo di costruzione, sul posizionamento e sull'armamento delle nuove opere difensive al confine francese, che vennero chiamate globalmente Vallo Alpino del Littorio e che, una volta terminate, dovevano rendere invalicabile il confine alpino.

LO CHABERTON

I resti della batteria del forte situato sulla cima del monte Chaberton a 3.130 metri, a oggi il forte più alto d'Europa.

in caverna, ricoveri e osservatori per indirizzare il tiro. Collocati in caverne e più raramente edificati in calcestruzzo, avevano due ingressi, una serie di locali logistici (camerate, depositi, gruppi elettrogeni, ventilazione) collegati da gallerie e postazioni di tiro, armate solitamente con cannoni di piccolo calibro e mitragliatrici. Erano serviti da 15-20 uomini e protetti da reti di filo spinato. Nelle vicinanze, defilate dal tiro eventuale degli avversari, furono costruite le caserme. Erano presenti anche numerose batterie scoperte.

DOPO L'ENTRATA IN GUERRA

L'entrata in guerra dell'Italia il 10 giugno del 1940 segnò l'inizio dell'attività bellica nella zona, ma visto che fu l'esercito italiano a sferrare l'attacco queste postazioni, prettamente difensive, non furono molto sollecitate. L'unica eccezione fu l'attacco portato dai Francesi, con mortai da 280 mm, al forte Chaberton, che causò la distruzione di sei delle otto torri, e quindi la fine di questo imponente impianto. Dopo l'armistizio del 25 giugno del 1940 con la Francia, il Vallo Littorio perse la sua importanza strategica, ma dopo l'8 settembre del 1943 fu occupato in parte dalla *Wehrmacht*. Anche i partigiani, che operavano numerosi nel settore, lo utilizzarono, quando possibile, per rifornirsi di armi dai depositi abbandonati e per trovare rifugio. Nell'inverno 1944-1945 i forti furono riarmati dai tedeschi e si trovarono al centro di alcune azioni per contrastare l'avanzata degli Alleati dalla Provenza. Con il trattato di Parigi del 1947, gli Alleati imposero la demolizione forzata delle opere fortificate a meno di 15 chilometri dal confine francese.

MUSSOLINI IN GRECIA

Mussolini in visita sul fronte greco-albanese nel marzo del 1941, in vista dell'offensiva di primavera.

L'anno successivo, però, inviarono consistenti contingenti di truppe del Commonwealth in Sudan e in Kenya, con molti autocarri, carri armati e appoggio aereo. Nel febbraio del 1941 cadde Mogadiscio, poi toccò ad Harar e in aprile a Massaua e ad Addis Abeba.

Il viceré Amedeo d'Aosta, nella consapevolezza che la guerra era perduta, organizzò il concentramento, per un'ultima resistenza, delle truppe italiane in tre "ridotti": uno comprendente Cheren e Gondar, l'altro nel Galla Sidama e il terzo all'Amba Alagi. Gli inglesi, dopo aver impiegato due mesi a fiaccare la resistenza italiana a Cheren (marzo), dove si distinse il generale Nicolangelo Carnimeo, assediarono a lungo il ridotto dell'Amba Alagi: gli italiani si arresero intorno a metà maggio, quando finirono munizioni, viveri e acqua. Ai superstiti del presidio comandato dal duca d'Aosta fu tributato l'onore delle armi. **Nel Galla Sidama la resistenza italiana durò fino a luglio e si concluse allo stesso modo. Solo in novembre si verificò la resa del generale Nasi a Gondar.**

Gli Alpini del Battaglione Uork Amba, comandati dal maggiore Luigi Peluselli (916 uomini inquadrati in un reggimento di granatieri), già impegnato in numerosi scontri con bande di ribelli, parteciparono, mostrando un coraggio estremo, alla lotta a Cheren a fianco degli Ascari eritrei, contando alla fine l'86% di perdite tra morti e feriti. Non poche furono le medaglie al valor militare assegnate a questi valorosi.

UN FATTO

Il mese di dicembre del 1940 è ricordato come uno dei più freddi di tutto il secolo e gli italiani, in Grecia, dovettero operare in un clima rigidissimo.

1940: IN GRECIA

L'intervento della *Wehrmacht* in Romania per assicurare alla Germania il controllo dei pozzi petroliferi di Ploiesti, necessari per l'imminente operazione Barbarossa contro l'Unione Sovietica, spinse Mussolini ad aggredire la Grecia per controbilanciare l'accresciuta potenza del dispositivo hitleriano nei Balcani.

La campagna italiana contro la Grecia ebbe inizio il 28 ottobre del 1940 e il momento scelto non poté essere più infelice. I vertici militari, convinti di una pronta resa dei greci di fronte a una superiorità bellica italiana tutta da dimostrare, sferrarono l'attacco in un periodo assolutamente inadatto dal punto di vista climatico su un territorio montuoso nel quale la difesa aveva buon gioco poiché il fango e la neve impedivano agli italiani una rapida avanzata.

Due Corpi d'Armata – in Albania erano stanziati circa 100.000 soldati – si dovevano muovere verso la Macedonia e l'Epiro. Al centro dello schieramento si trovava la Divisione Alpina Julia (con circa 10.000 uomini) con l'obiettivo di inserire un cuneo nella difesa

REGGIMENTO PIÙ DECORATO

Alpini sul fronte greco che appartengono all'unità più decorata della Divisione Alpina Julia: il Battaglione Vicenza, del 9° Reggimento.

MULI NEL FANGO

Un Alpino e il suo mulo coperti dal fango in un'immagine emblematica della disastrosa campagna di Grecia del 1940-1941.

● **SUL GALILEA**

Cartolina commemorativa a ricordo dell'affondamento del piroscafo Galilea, *dove persero la vita 651 Alpini.*

greca attraverso il controllo del massiccio del Pindo. Le vicende della Julia sono emblematiche.

Si potrebbe quasi dire che gli Alpini – visto il non sufficiente addestramento degli altri reparti, che cercarono in molti casi di compensare come potevano questo difetto, senza grandi risultati – furono gli unici a raggiungere l'obiettivo penetrando il territorio nemico per parecchi chilometri. Ma avevano ricevuto, come tutte le divisioni italiane, un ordine insensato che vale la pena riportare con le parole del documento originale: «Nessuna affluenza da tergo per un certo tempo. Quando la coda di ognuno dei battaglioni sia sfilata per un determinato punto, dietro a essa non deve rimanere che il vuoto». Fu così che si ritrovarono accerchiati quando i greci, fermati i primi attacchi provenienti dal confine albanese, contrattaccarono, protetti dall'aviazione inglese, avanzando in territorio albanese. **Privi di collegamenti e rifornimenti, che solo sporadicamente venivano paracadutati da aerei con le opportune condizioni di visibilità, fu loro ordinato di ritirarsi e ciò fu fatto a prezzo di gravi perdite.** La ritirata li portò il 16 novembre al ponte di Perati, dove si attestarono a difesa della vallata del fiume Vojussa. Qui ten-

APPROFONDIMENTO

IL DISASTRO DEL BATTAGLIONE GEMONA. *Il 28 marzo del 1942 la motonave Galilea, che faceva parte di un convoglio per il trasporto delle truppe di ritorno in Italia dall'Albania, venne attaccata da un sommergibile britannico e affondò nel giro di poche ore al largo delle coste della Grecia. Tra i 1.275 uomini imbarcati vi era il Battaglione Gemona, che fu decimato: 21 ufficiali, 18 sottufficiali e 612 Alpini morirono annegati nelle fredde acque del Mediterraneo, senza che nessuno potesse andare in loro aiuto.*

COMANDANTI

In basso a destra. Il comandante della Divisione Julia in Grecia, il generale Umberto Ricagno, insignito dell'Ordine Militare d'Italia. Fu catturato in Russia, dove rimase prigioniero per sette lunghi anni.

nero disperatamente le posizioni e nacque un canto, *Sul ponte di Perati*, che ne riprendeva uno del 1916, *Sul ponte di Bassano*, con un registro più che triste, quasi di morte anche sul piano della musica di accompagnamento e che è rimasto nella memoria collettiva non solo degli Alpini ma di tutti gli italiani dell'epoca: «Sul ponte di Perati / bandiera nera: / l'è il lutto degli Alpini / che va a la guera». E ancora: «Sui monti della Grecia / c'è la Vojussa / del sangue degli Alpini / s'è fatta rossa. / Un coro di fantasmi / vien zo dai monti: / l'è il coro de li Alpini / che son morti».

Secondo le cronache il ponte fu poi fatto saltare. La Julia, che aveva riportato 1.674 morti e feriti, continuò a combattere. A metà mese era arrivata in Albania anche la Divisione Tridentina, che fu

UNA CURIOSITÀ

Durante la campagna di Grecia entrò in funzione la mitragliatrice Breda 37 *che, fin da subito, si dimostrò superiore alla* Fiat 35 *ancora in uso.*

A RIPOSO

A sinistra. Alpini del Battaglione Mondovì riposano fra le tende durante la campagna di Grecia.

LA BATTAGLIA DELLE CRESTE

Così il notissimo pittore Achille Beltrame faceva rivivere ne "La Domenica del Corriere" gli scontri che avvenivano sulle montagne del fronte greco-albanese, spesso corpo a corpo, con una ricostruzione molto aderente alla realtà.

UNA DATA

GENNAIO 1941.
Si decide la mobilitazione generale dei quadri: ministri e gerarchi dovranno arruolarsi volontari sul fronte albanese per essere d'esempio al popolo.

schierata nella conca di Dushar con l'ordine di tenerla a tutti i costi. Di un suo battaglione, dopo scontri ripetuti con il nemico, restarono soltanto 28 uomini. Alla fine del mese entrò in linea la Divisione Pusteria e a metà dicembre la Cuneense. **Dall'Italia avevano cominciato a rendersi conto che occorrevano rinforzi adeguati, più rifornimenti e armamenti, oltre a un buon servizio logistico.**

Il generale Ugo Cavallero, ultimo comandante in ordine di tempo delle truppe italiane in Albania e Grecia, ebbe a scrivere: «La preparazione di artiglieria va benissimo, ma poi occorrono unità solide. Quelle di fanteria sono solide moralmente, ma non dal punto di vista dell'addestramento e dell'impiego, e perciò o si arrestano a 300 metri dall'obiettivo o, se raggiungono una posizione, non la mantengono. Bisogna far venire truppe alpine altrimenti non si vince la guerra, a meno che i Greci mollino». È vero che, come gli altri corpi dell'esercito, quello degli Alpini non era stato addestrato all'offensiva, ma la preparazione e la disposizione al combattimento compensavano ampiamente questa lacuna. Molti furono i comandanti dei reparti alpini caduti sul campo insieme ai loro uomini. Agli uni e agli altri non mancarono i riconoscimenti, che furono riservati ovviamente anche ad altri combattenti che come loro li avevano me-

APPROFONDIMENTO

DISCORSO ALLA NAZIONE. *«Affermai cinque anni fa: spezzeremo le reni al negus. Ora, con la stessa certezza assoluta, ripeto assoluta, vi dico che spezzeremo le reni alla Grecia in due o dodici mesi poco importa, la guerra è appena cominciata!»: questa affermazione venne pronunciata da Benito Mussolini nel discorso alla Nazione del 18 novembre del 1940, giorno dell'anniversario delle sanzioni economiche inflitte all'Italia, cinque anni prima, dalla Società delle Nazioni a seguito dell'invasione dell'Abissinia. Dopo l'insuccesso della campagna di Grecia la frase assunse una connotazione più o meno ironica.*

ritati. Ma i primi mesi della campagna di Grecia misero in risalto la totale inadeguatezza dell'esercito italiano ad affrontare un conflitto su vasta scala, nel quale si corse addirittura il rischio, nonostante l'aumento degli effettivi (che furono portati a più di 400.000), di perdere Valona con tutta l'Albania meridionale.

La Divisione Julia fu quindi nuovamente impegnata con i greci, che riuscì a trattenere, al prezzo di 3.500 vittime tra morti e feriti. Il 24 marzo, in un'altra battaglia cruenta, la divisione contò circa 4.000 morti e feriti.

Per sbloccare la situazione intervennero i tedeschi. Il 6 aprile del 1941, con un'offensiva lampo, invasero la Jugoslavia e la Grecia, costringendole in brevissimo volger di tempo alla capitolazione.

Ma la tragedia della Julia non era conclusa: nel 1942 fu disposto il rientro in patria della Divisione per un periodo di riposo e riorganizzazione e un piroscafo sul quale era imbarcato il Battaglione

MEDAGLIA AL VALORE

Cartolina commemorativa dedicata al 9° Reggimento Alpini della Divisione Julia, che aveva ottenuto la medaglia d'oro al valor militare durante la campagna di Grecia.

GERARCHI AL FRONTE

Giuseppe Bottai, Ministro delle Corporazioni, richiamato alle armi come tenente colonnello degli Alpini, fotografato in Grecia accanto al generale Mario Girotti, comandante della Divisione Julia.

DIVISIONE PUSTERIA

La Divisione Pusteria in Montenegro nel 1941; alla fine di novembre dello stesso anno, le formazioni partigiane comuniste, forti di 5.000 uomini, cercarono di conquistare la città di Pljevlja, sede del comando della Pusteria, in una sanguinosa battaglia con numerose perdite da entrambe le parti.

Gemona venne silurato e affondato da un sommergibile inglese. Sugli oltre 1.500 uomini imbarcati se ne salvarono a malapena 250. La campagna di Grecia era costata 14.000 morti, 51.000 feriti, 25.000 dispersi (poco più di 21.000 erano prigionieri di guerra e furono liberati dai Greci nel 1941), 52.000 ammalati, 12.000 congelati. **Essa fu anche la fine, con le vicende militari che si svolsero nell'Africa settentrionale, della speranza di Mussolini di poter condurre una "guerra parallela" a fianco della Germania.**

1941-1943: IN MONTENEGRO E IN JUGOSLAVIA

La discesa nei Balcani delle truppe tedesche favorì l'occupazione italiana di varie regioni della penisola, anche se Berlino si riservò le zone più interessanti in quanto a risorse economiche e ruolo strategico. Nella primavera del 1941 furono annesse al Regno d'Italia Lubiana e la Slovenia meridionale, nonché buona parte della costa dalmata (Spalato e Cattaro).

Le truppe italiane si installarono anche in una fascia della Croazia. Il Montenegro fu riconosciuto come dominio italiano anche se, a seguito di una rivolta di notevoli dimensioni nell'estate del 1941, fronteggiata da varie divisioni alpine (compresa la Pusteria, poi sostituita dalla Taurinense), fu indispensabile sottoporlo a uno stretto controllo militare. Quanto all'Albania, il suo territorio fu ampliato con alcuni distretti montenegrini, serbi e macedoni fino a costituire la "Grande Albania". In Grecia le truppe italiane dilagarono, salvo che nella Tracia e nella Macedonia orientale, passate alla Bulgaria, mentre i tedeschi si impadronirono della zona di Salonicco, di Atene, di alcune isole dell'Egeo e di Creta.

Si trattò dell'unico risultato concreto della politica di Mussolini per costituire un Impero mediterraneo, per il quale fu necessario un impegno militare di ingenti proporzioni. **Infatti, fino al fatidico 8 settembre del 1943, nei Balcani furono impiegati circa 600.000 uomini.** In nessuna delle regioni interessate erano presenti minoranze italiane o amiche alle quali appoggiarsi, almeno non di sufficiente consistenza, e neppure altre condizioni favorevoli. L'italianizzazione promossa da Roma poteva solo incontrare un'opposizione crescente, rafforzata dalla crisi economica connessa alla guerra. L'occupazione dell'Asse moltiplicava gli effetti di questa crisi con un conseguente sviluppo delle azioni partigiane, nei confronti delle quali si mise in atto una dura repressione. I contingenti italiani (30 o 35 divisioni a seconda dei momenti) furono addirittura superiori a quelli posti a difesa del territorio nazionale per fronteggiare il pericolo che veniva dai successi angloamericani in Africa, ma nulla cambiò nell'ormai definitiva subalternità dell'Italia rispetto alla Germania.

In Slovenia, Dalmazia, Croazia e Montenegro le truppe italiane affrontarono una dura guerra partigiana, che la direzione civile e militare dell'occupazione non fu in grado nemmeno di analizzare, concentrandosi invece sulla repressione, il cui peso ricadde tutto sulle truppe, e che contribuì, con i suoi aspetti più cruenti, a schie-

PARTIGIANI

Fotografia che ritrae alcuni partigiani che si arrendono agli Alpini in Croazia nell'aprile del 1942. Venne inviata da un soldato con sopra l'annotazione «ribelli che si arrendono».

ALPINI DELLA TAURINENSE

Pljevlja, Montenegro, 1943: una colonna di truppe alpine della Taurinense sfila per le vie dell'abitato.

● IN CROAZIA

Croazia, 1942: il guado della 1ª Batteria del Reggimento di Artiglieria Alpina sul fiume Drina.

rare la popolazione con la guerriglia. Per di più gli italiani ebbero come inevitabili alleati il governo ustascia di Croazia, diretto rivale per il futuro della costa dalmata, che conduceva nel territorio di sua competenza una "pulizia etnica" oltranzista, e le formazioni etniche spadroneggianti in Montenegro che non erano da meno rispetto agli ustascia. Da ultimo, non meno importante, si colloca il fenomeno del moto partigiano titoista che, mirando a conquiste territoriali stabili, ebbe caratteristiche diverse da quelle della resistenza antifascista in atto negli altri Paesi.

Le autorità italiane crearono in genere presidi statici che non erano in grado di controllare dinamicamente il territorio e di reagire se attaccati da forze numerose. **Il terreno era montuoso, poche erano le strade e mancavano colonne mobili di potenza adeguata a forzare i blocchi dei partigiani.** Restavano gli Alpini (si tenga presente che, in parallelo, le Penne Nere erano impegnate sul fronte russo), unici reparti in grado di affrontare creste e sentieri con la loro dotazione di muli. Gli Alpini furono i soli a ottenere successi notevoli. Le offensive italo-tedesche, che si succedettero nel 1942-1943 nelle zone liberate dai titoisti, riuscirono effettivamente a dislocare il dispositivo di questi ultimi ma mai ad annientarlo: gli scontri furono numerosi e sempre molto violenti. I tedeschi, pur con tutte le risorse che potevano mettere in campo, non riuscirono a fare meglio degli italiani.

● UNA DATA

1° dicembre 1941.
A Pljevlja, in Montenegro, i reparti della Divisione Alpina Pusteria respingono l'offensiva dei partigiani, che subiscono forti perdite.

Le truppe italiane affrontarono la situazione con scarso entusiasmo e partecipazione, nonostante i tentativi degli alti comandi (generali Carlo Pirzio Biroli, Mario Roatta e Vittorio Ambrosio) di dare un'impronta da "guerra coloniale" alle operazioni. Ciò non vuol dire che gli uomini, poco addestrati e con vitto, alloggiamenti ed equipaggiamento insufficienti, si sottraessero agli ordini: essi facevano la loro parte. Nei combattimenti nascevano poi, evidentemente, sentimenti di solidarietà e di vendetta per i compagni uccisi o feriti che determinavano i comportamenti a volte efferati di cui le cronache hanno riferito. Ma è certo anche che le truppe italiane furono le meno feroci tra tutte quelle presenti sullo scacchiere. Ad accrescere il livello di violenza sul campo furono poi le deportazioni di decine di migliaia di civili dalla Slovenia, dall'Istria e dalla Dalmazia, anche solo per un sospetto appoggio alla resistenza. Nell'Italia settentrionale e meridionale furono allestiti una cinquantina di campi di concentramento, altri vennero organizzati in Dalmazia. Le condizioni di vita in questi campi non furono certo tali da suscitare simpatia per l'Italia.

Un dato, anche se relativo alla fine della guerra, consente di misurare il livello di violenza che si era scatenata nei Balcani dopo il 1941: complessivamente, in queste zone, i morti furono più di un milione.

L'8 settembre del '43, con l'entrata in vigore dell'armistizio, l'esercito italiano entrò in crisi e si divise. Una parte delle truppe passò con la Resistenza.

GIOVANNI MESSE

Il generale Giovanni Messe in Russia nell'estate del 1941, quando aveva ottenuto il comando del Corpo di spedizione italiano; da alcuni storici viene considerato il miglior generale italiano della Seconda guerra mondiale.

1941-1942: IN RUSSIA (L'OPERAZIONE BARBAROSSA E LO CSIR)

Il 22 giugno del 1941 iniziò l'operazione Barbarossa, ossia l'offensiva tedesca che mirava a conquistare il territorio sovietico fino agli Urali, con l'intento di trasformare tutta l'area in una grande

BATTAGLIONE MONTE CERVINO

Cartolina dedicata al Battaglione Sciatori Monte Cervino, unica unità alpina inserita nello CSIR e che sarà una delle più decorate sul fronte russo.

VERSO LA RUSSIA

Il 2° Reggimento della Divisione Cuneense, in partenza per il fronte russo, sfila a Cuneo davanti alle autorità militari nel maggio del 1942.

UNA CURIOSITÀ

La prima tradotta diretta verso il fronte russo si mosse dalla stazione Porta Vescovo di Verona il 14 luglio del 1941, trasportando la Divisione di fanteria Pasubio.

"colonia di sfruttamento". Nell'operazione furono coinvolti oltre tre milioni di soldati tedeschi equipaggiati con quasi 3.500 carri armati, 250 cannoni semoventi, più di 7.000 pezzi di artiglieria, 600.000 automezzi, 625.000 cavalli e quasi 4.000 aerei da caccia e da bombardamento. Si aggiunsero a queste truppe circa 700.000 uomini dei Paesi alleati della Germania: Finlandia, Romania, Ungheria, Slovacchia e Italia.

La decisione dell'attacco all'Unione Sovietica era stata presa a Berlino sei mesi prima, ma Mussolini ne fu informato ufficialmente solo quando i primi reparti della *Wehrmacht* iniziarono ad avanzare.

Il governo di Roma ritenne di non poter restare estraneo all'operazione Barbarossa, troppo importante politicamente e militarmente, anche se l'Italia non poteva ricavarne alcun vantaggio di tipo territoriale e benché lo stesso Hitler incitasse Mussolini a rafforzare piuttosto le proprie forze in Africa.

Venne costituito abbastanza in fretta il Corpo di spedizione italiano in Russia (CSIR), comandato dal generale Messe (62.000 uomini, 5.500 automezzi, 4.600 cavalli e muli, 220 cannoni, 80 aerei). L'intento era quello di riaffermare il ruolo dell'Italia come primo alleato della Germania. Le divisioni dello CSIR giunsero in ferrovia fino alla frontiera sovietica, poi proseguirono in Ucraina, in parte a piedi e in parte in autocarro, fino a giungere in prossimità dei fiumi Dnepr e Donec. Compito degli italiani era eliminare le sacche di resistenza che l'avanzata fulminea della *Wehrmacht* si era lasciata alle spalle. Nell'ultimo mese dell'anno le truppe dello CSIR furono trasferite al fronte con compiti di difesa statica: a fine dicembre e in gennaio respinsero vari attacchi di fanterie dell'Armata Rossa.

Gli alti comandi tedeschi utilizzarono gli italiani calcolandone correttamente le possibilità, che erano quelle di un buon corpo di fanteria appiedata (un caso a parte fu quello dell'impiego con successo del Reggimento Savoia Cavalleria a Isbuscenskij, che ebbe grande impatto mediatico in Italia). **Le perdite fino al luglio dell'anno successivo furono contenute, anche se fu piuttosto alto il numero dei feriti e, nei mesi più freddi, soprattutto dei congelati.**

Gli unici Alpini aggregati allo CSIR furono gli sciatori del Battaglione Monte Cervino, che giunsero in Unione Sovietica nel febbraio 1942, comandati dal maggiore Augusto Gardini.

ITALO GARIBOLDI

Promosso generale d'Armata nell'ottobre del 1942, era al comando quando le truppe russe travolsero le linee italiane durante l'operazione Piccolo Saturno.

L'ARMIR E GLI ALPINI

Dopo il mese di luglio, i grossi successi della *Wehrmacht* si rivelarono non decisivi di fronte alla resistenza sovietica e la Germania fu costretta ad aumentare quantitativamente e qualitativamente i propri sforzi contro i sovietici. Fu Berlino a chiedere, in questo quadro, una maggiore partecipazione italiana. La risposta di Mussolini non si fece attendere.

DI GUARDIA NEL GELO

Un Alpino di sentinella nella pianura gelata davanti al fiume Don, in attesa dell'offensiva sovietica.

CONTRATTACCHI

Contrattacco degli Alpini della Divisione Julia in una illustrazione del pittore Walter Molino; gli Alpini con la nappina verde sono del Battaglione Cividale.

Alle prime forze inviate dal governo di Roma, all'incirca tre divisioni, se ne aggiunsero altre sette e venne costituita l'Armata Italiana in Russia (ARMIR) con 230.000 uomini, quasi 17.000 automezzi, più di 1.000 trattori per l'artiglieria, oltre 900 cannoni abbastanza moderni, 4.500 automezzi, 25.000 cavalli e muli e una settantina di aerei. L'equipaggiamento in scarpe e vestiario lasciava a desiderare, come hanno riferito più volte le cronache. **Il generale Messe fu sostituito dal generale Italo Gariboldi, piuttosto incolore.** Tale scelta non fu felice soprattutto perché questo ufficiale, che già non aveva dato grande prova di sé contro gli inglesi in Libia, non si preoccupò, come sostenuto da alcuni storici militari, di curare la logistica necessaria all'efficienza delle truppe. L'ARMIR non disponeva di formazioni motocorazzate come quelle della *Wehrmacht*, che furono le uniche a poter effettuare sfondamenti, avanzate e controffensive.

Insieme al contingente militare era stato inviato nell'Unione Sovietica anche un modesto quantitativo di carri armati, ma si trattava di quelli soprannominati "scatole di sardine", di nessun peso di fronte alle forze corazzate sovietiche che riuscivano a competere con quelle tedesche. Le forze italiane, pertanto, si trovarono sempre a svolgere compiti soltanto difensivi, non per questo trascurabili o meno costosi e difficili di quelli della fanteria tedesca, ma certamente limitati. Un altro problema fu quello dell'impegno che la "guerra subordinata" a quella della Germania sottrasse al fronte dell'Africa settentrionale,

UNA CURIOSITÀ

Il pluridecorato Battaglione Sciatori Monte Cervino era composto da 600 provetti sciatori che furono soprannominati dai russi "diavoli bianchi".

decisivo per l'Italia, soprattutto per quanto riguardava l'artiglieria e i mezzi di trasporto.

L'esercito italiano disponeva complessivamente di 65 divisioni e inviarne dieci sul fronte russo fu una scelta pesante, visto che una decina era dispiegata nell'Africa settentrionale e molte altre nei Balcani. Dell'ARMIR entrarono a far parte anche tre divisioni di Alpini – Cuneense, Julia e Tridentina (in totale 57.000 uomini) – più il battaglione autonomo di sciatori, molto ben addestrato. Gli Alpini avrebbero dovuto avere come destinazione, secondo i piani dei vertici italiani, i monti del Caucaso, ma lo Stato Maggiore tedesco, per parte sua, contava di arrivare proprio nei mesi estivi alle terre petrolifere oltre il Caucaso. Lo svolgimento dei combattimenti lo impedì e gli Alpini appena arrivati seppero che la loro destinazione era invece in pianura, lungo il Don (a ovest di Stalingrado, intorno a Rostov).

GLI SCONTRI LUNGO IL DON

La *Wehrmacht* puntava verso Stalingrado e verso le zone petrolifere oltre il Caucaso. L'ARMIR fu aggregata alle forze dirette a Stalingrado, occupata dai tedeschi negli ultimi giorni di agosto del 1942. Gli

● **CACCIATORI DI T-34**

Distintivo che ricorda gli artiglieri della 76ª batteria anticarro della Divisione Tridentina: si vede un'aquila che "fulmina" i carri T-34 *sovietici.*

● **IL "BALCONE SUL DON"**

Il caposaldo avanzato degli Alpini sul Don, diventato famoso con il nome di "balcone sul Don"; più volte attaccato da soverchianti forze nemiche, resistette fino a che non fu ordinato agli uomini di ritirarsi.

LA BATTAGLIA DI NIKOLAEVKA

ULTIMO SACRIFICIO DEGLI ALPINI

FU L'ULTIMA BATTAGLIA DEL CORPO D'ARMATA ALPINO PER ROMPERE LA MORSA DELL'ACCERCHIAMENTO DELL'ARMATA ROSSA E, QUINDI, EVITARE L'ANNIENTAMENTO COMPLETO.

● COMBATTENTI

Il 63° anniversario della battaglia di Nikolaevka, celebrato dal Comando Truppe Alpine alla caserma Lugramani di Brunico il 26 gennaio del 2006.

Nelle prime ore del mattino del 26 gennaio del 1943 gli Alpini della Divisione Tridentina, dopo 200 chilometri di ripiegamento a piedi e con pochi muli e slitte, sempre aspramente contrastati dall'Armata Rossa e dai partigiani che li affiancavano, alla testa di una colonna di 40.000 uomini in parte disarmati e in parte congelati, giunsero davanti alla cittadina di Nikolaevka. Questa sorgeva su una modesta collina e, occupata dai sovietici, chiudeva la morsa di un accerchiamento pericolosissimo per ciò che restava del Corpo d'Armata Alpino italiano. I nemici si erano trincerati fra le case del paese protetti da un terrapieno della ferrovia che correva quasi sempre attorno all'abitato. L'Armata Rossa schierava una divisione ben armata. Verso le 9.30 gli Alpini ricevettero l'ordine di attaccare. In avanti si lanciarono i superstiti dei Battaglioni

LUIGI REVERBERI

Il generale Luigi Reverberi, eroe di Nikolaevka, in partenza per la Russia fotografato insieme a don Carlo Gnocchi, cappellano degli Alpini.

UN FATTO

Le perdite tra le forze dell'Asse (italiani, tedeschi e ungheresi) furono di circa 3.000 unità fra morti, feriti e catturati. Dall'altra parte i sovietici contarono un migliaio di morti.

L'INCITAMENTO DEGLI UOMINI

Il generale degli Alpini Luigi Reverberi, comandante della Divisione Alpina Tridentina, incita i suoi uomini durante la ritirata.

Verona, Val Chiese, Vestone e di un battaglione misto del Genio, appoggiati dal fuoco del Gruppo Artiglieria Bergamo e da tre semoventi tedeschi.

ALTERNE VICENDE

Dopo sanguinosi scontri, gli Alpini raggiunsero la ferrovia e le prime case dell'abitato, che dovettero contendere ai sovietici palmo a palmo, conquistandole, perdendole e riprendendole più volte. Un plotone del Val Chiese riuscì ad arrivare alla chiesa del paese. La violentissima reazione dell'Armata Rossa costrinse gli Alpini ad arretrare e ad abbarbicarsi al terreno in attesa di rinforzi. Verso mezzogiorno furono raggiunti dai resti dei Battaglioni Edolo, Morbegno e Tirano, dai Gruppi di Artiglieria Vicenza e Val Camonica e da altre modeste porzioni di reparti della Julia. L'assalto riprese ma il nemico, appoggiato anche da aerei che mitragliavano a bassa quota, oppose una strenua resistenza. La neve era ormai rossa del sangue dei morti e dei feriti. Nonostante gli innumerevoli atti di valore personale di ufficiali, sottufficiali e Alpini semplici, spinti sino al cosciente sacrificio della vita, l'esito della battaglia sembrava favorevole ai sovietici. Il sole per di più cominciava a scendere all'orizzonte ed era evidente che una permanenza all'addiaccio nelle ore notturne, con temperature che oscillavano tra i -30 °C e i -35 °C, avrebbe significato per gli italiani l'assideramento e la morte. Si diffuse la convinzione che non vi fosse più niente da fare, quando il generale Luigi Reverberi, su un semovente tedesco, incurante del fuoco avversario, al grido di «Tridentina, avanti!», ridiede vigore agli uomini stremati, mal armati, alcuni senza munizioni e molti feriti. Gli Alpini travolsero i sovietici, che, sorpresi dalla rapidità dell'azione, fuggirono abbandonando sul terreno caduti, armi e altri materiali. Il prezzo pagato dagli Alpini per la rottura dell'accerchiamento fu enorme: rimasero sul terreno migliaia di caduti.
La ritirata tuttavia poté continuare. Il 30 gennaio i resti del Corpo d'Armata Alpino raggiunsero le linee tedesche e furono in salvo. Il giorno successivo, con un formale passaggio di consegne, le forze armate italiane cessarono ogni attività operativa sul fronte orientale.

italiani dovevano coprire il fianco esposto dell'offensiva insieme ai contingenti ungherese e romeno, per una lunghezza di 270 chilometri. I sovietici, approfittando del clima rigido che rendeva gelato il Don, dopo la metà di novembre sferrarono due offensive, travolgendo le forze romene lungo il fiume e più a sud lungo il Volga. Con questa manovra essi riuscirono a chiudere in una sacca le forze tedesche a Stalingrado. Rinforzi della *Wehrmacht* provarono a raggiungere di nuovo Stalingrado senza riuscirvi, perché l'Armata Rossa riprese l'attacco. Furono investiti anche i trinceramenti dell'ARMIR: gli italiani non avevano potuto allestire più che una linea di difesa e avrebbero avuto bisogno di una seconda linea e di riserve mobili per contrattaccare. Così, le varie unità dell'ARMIR si dissanguarono nella resistenza contro i sovietici che, inaspettatamente, avevano schierato un dispositivo d'attacco cui si aggiungevano sempre nuove truppe proprio mentre le forze tedesche erano impegnate su Stalingrado.

ALL'ATTACCO

Alpini attaccano le posizioni fortificate russe durante l'estate del 1942, da una cartolina con un disegno di Manlio D'Ercoli.

A metà novembre l'Armata Rossa cominciò a sondare le difese italiane con una serie di incursioni e il 16 dicembre attaccò la Divisione di fanteria Cosseria, a partire da Novaja Kalitva, con 5 di-

APPROFONDIMENTO

UN CAPOSALDO SUL DON. *«Si stava bene nel nostro caposaldo, al riparo sottoterra, anche se c'erano i topi che quando si dormiva venivano al caldo con noi, sotto le coperte. Qualche volta, scavando negli orti trovavamo patate, cavoli, carote, zucche, era roba buona e facevamo la minestra. Ma il più delle volte facevamo la polenta, calda, alla sera, prima che uscissero le pattuglie. Dura, alla bergamasca e piaceva anche al tenente che era marchigiano.» Così racconta la vita degli Alpini, in un caposaldo sul fiume Don, Mario Rigoni Stern nel suo libro* Il sergente nella neve.

visioni e 250 carri armati. Su un'altra direttrice i sovietici mossero 7 divisioni con 500 carri armati, investendo la Divisione Ravenna, e su un'altra ancora lanciarono circa 13 divisioni, con più di 400 carri armati, contro 60.000 tedeschi e 50.000 romeni. Lungo tutte queste direttrici l'Armata Rossa schierò un ingente numero di cannoni e lanciarazzi *Katjuša*. Per un po' le linee difensive dell'Asse tennero, ma il 17 furono travolte dalle forze corazzate, che persero tuttavia il 20% dei mezzi. **I carri armati sovietici riuscirono così a fermare definitivamente il tentativo tedesco di raggiungere Stalingrado.**

Le truppe dell'ARMIR, che pure si erano battute al meglio delle loro possibilità, iniziarono, in condizioni climatiche estreme e lottando come potevano, una ritirata di un centinaio di chilometri fino a un nuovo schieramento difensivo della *Wehrmacht*. Fortuna volle che i carri sovietici pensassero più a progredire in profondità

CONTRO IL FREDDO

In basso a destra. Colbacco indossato dagli Alpini durante la campagna di Russia per proteggersi dalle bassissime temperature nei gelidi inverni passati nella steppa.

UN FATTO

«Eventi verificatisi su altri settori costrinsero le superiori autorità a ordinare il ripiegamento della Tridentina nel solco di Podgornoje» (dalla relazione del generale Reverberi).

PICCOLO SATURNO

A sinistra. I T-34 sovietici dilagano nella notte durante l'operazione Piccolo Saturno, condotta fra il 16 e il 30 dicembre del 1942.

che a distruggere le colonne italiane che arretravano. Le artiglierie dell'ARMIR furono abbandonate lungo il Don, mentre le fanterie si dovettero arrangiare senza mezzi di trasporto. Tolto il caso di un reggimento di bersaglieri, gli altri reparti si sfaldarono. Il numero dei dispersi e degli sbandati fu enorme.

Il Corpo d'Armata Alpino non fu coinvolto in questi scontri, ma rimase con un fianco del tutto scoperto, anche se non subito minacciato. La protezione di questo fianco venne affidata alla Divisione Julia e al Battaglione Monte Cervino. Gli uomini di questo battaglione erano gli unici forniti di "uniformi Cerletti" (tute bianche) per confondersi nella neve. Il reparto era stato già impegnato tutte le volte che l'offensiva sovietica aveva aperto delle falle nello schieramento italiano e aveva visto diminuire progressivamente la propria capacità operativa per le perdite e i feriti.

LO SFONDAMENTO DELLE LINEE DEGLI ALPINI

In gennaio i sovietici tornarono all'attacco e questa volta colpirono gli Alpini. Il 13 gennaio del 1943 misero in rotta gli ungheresi che si trovavano a nord rispetto agli Alpini e il giorno dopo sbaragliarono le forze tedesche a sud. Il giorno 15 i carri armati dell'Armata Rossa giunsero a Rossosc, sede del comando alpino: furono dapprima re-

COMBATTIMENTI

Alpini in divisa mimetica sulla neve in uno degli ultimi combattimenti sostenuti in territorio russo durante la tragica ritirata.

APPROFONDIMENTO

NIKOLAEVKA. *Non c'è miglior commento sulla battaglia di Nikolaevka, in cui gli Alpini diedero l'ennesimo esempio di coraggio, spirito di sacrificio e senso del dovere, di quello contenuto nelle parole di un generale tedesco che ebbe modo di vederli in azione. Heinz Guderian, teorico delle* Panzerdivisionen, *disse: «Le divisioni italiane di fanteria alpina sono le sole formazioni di fanteria al mondo che veramente entusiasmino un militare».*

spinti, ma il giorno successivo ebbero la meglio. Il 17 gennaio il Corpo d'Armata Alpino fu costretto a un ripiegamento difficilissimo, in un caos indescrivibile, con il terreno coperto da un'alta coltre di neve e con temperature oscillanti tra i -35 °C e i -42 °C. In testa alle colonne in ritirata si mise la Divisione Tridentina, che era ancora in grado di combattere, cui si aggiunsero vari reparti di fanteria. **La Julia e la Cuneense si sacrificarono nella difesa di un fianco della Tridentina contro le forze corazzate sovietiche;** se non lo avessero fatto, l'intera operazione di sganciamento sarebbe fallita. Il 22 gennaio furono annientati gli ultimi superstiti della Julia. Tra il 25 e il 26 fu la volta dei resti della Cuneense, catturati dall'Armata Rossa.

A inizio febbraio cadde Stalingrado e a luglio ci fu la grande battaglia di Kursk, conclusa con una sconfitta dei tedeschi e, in prima persona, di Hitler che l'aveva voluta e guidata. Ciò impresse una svolta definitiva alle operazioni militari sul fronte sovietico in favore dell'Armata Rossa, da quel momento sempre all'offensiva fino al 1945.

COMBATTENTI

In basso a destra. Disegno di Beltrame che esalta il coraggio degli artiglieri alpini nel contrastare l'avanzata dell'Armata Rossa con i temibili carri T-34.

UNA CURIOSITÀ

Il travolgente successo iniziale dell'operazione Piccolo Saturno segnò definitivamente il destino della 6ª Armata Tedesca accerchiata a Stalingrado.

RIPIEGAMENTO

A sinistra. Alpini all'attacco di posizioni difensive tenute dai russi durante la fase di ripiegamento dopo l'offensiva sovietica.

LA CATASTROFICA RITIRATA

UNA FRASE

«L'unico corpo che può ritenersi imbattuto in terra di Russia è il Corpo d'Armata Alpino Italiano» (bollettino di guerra n. 630 del Comando sovietico; 8 febbraio del 1943).

In questo arretramento ciò che restava delle fanterie dell'ARMIR dovette percorrere circa 120 chilometri prima di trovarsi al riparo dietro lo schieramento difensivo tedesco; gli Alpini addirittura un centinaio in più, perché erano più lontani. Senza affrontare il problema delle responsabilità delle autorità militari tedesche in merito alle condizioni disperate nelle quali si svolse la ritirata, alla quale queste non offrirono una sponda con mezzi di trasporto e con una protezione di qualche tipo (alle domande dirette dei comandanti alpini risposero che si trovavano impossibilitate a intervenire), è doveroso sottolineare il carattere disastroso del comportamento del vertice dell'ARMIR. L'abbandono del Don si era profilato come un problema già alla fine di dicembre, ma non era stato fatto nulla per organizzare la manovra. Infatti, nelle retrovie, per quanto lontane, erano disponibili mezzi di trasporto, muli e magazzini, al cui iniziale allestimento aveva provveduto con metodi non proprio ortodossi il generale Messe, forniti di capi di vestiario pesante e scarpe (per quanto inadeguate), viveri e generi di conforto. Sarebbe anche stato necessario elaborare uno schema di indietreggiamento che prevedesse l'allestimento di comandi di tappa, il posizionamento di antenne radio, l'organizzazione di centri per la distribuzione di viveri e di nuclei per sgomberare le strade dalla neve. Gli Alpini, costretti

IN RITIRATA

Fotografia che mostra la lunga colonna dell'Armata Italiana in ritirata dal fronte del Don nell'inverno del 1943.

a coprire una distanza maggiore rispetto alle altre truppe, subirono pesantemente la mancanza di questo piano di ripiegamento.

Altrettanto grave fu il comportamento di coloro che guidavano il contingente d'aviazione aggregato all'ARMIR: essi provvidero a salvare, quando possibile, gli apparecchi e le altre attrezzature e abbandonarono al loro destino i combattenti senza fornire loro il minimo aiuto.

La Divisione Tridentina, o quanto ne restava dopo le perdite che le erano state inflitte dall'Armata Rossa, quando riuscì a rompere l'accerchiamento a Nikoalevka, aprendo la via a una colonna di decine di migliaia di sbandati, lo fece grazie all'iniziativa coraggiosa del suo comandante, il generale Reverberi, al ritrovamento di una radio funzionante su un semovente tedesco abbandonato e ad alcuni ricognitori della *Luftwaffe* che le segnalarono le posizioni tenute dai sovietici. La Julia e la Cuneense, invece, andarono perdute perché senza collegamenti e indicazioni. Le perdite dell'ARMIR furono alla fine di 75.000 morti, di 85.000 o forse 95.000 dispersi (le fonti non concordano) e 27.000 feriti o congelati. A partire dal mese di marzo si chiusero le operazioni italiane in territorio sovietico e cominciò il rimpatrio dei sopravvissuti. Quanto al numero dei prigionieri fatti dall'Armata Rossa ci sono state controversie ripetute, ma sicuramente essi ammontarono a parecchie decine di migliaia. Il problema è ancora aperto. Le vicende di questi prigionieri costituiscono un capitolo a sé della storia della Seconda guerra mondiale: furono rinchiusi, infatti, in campi di concentramento sprovvisti praticamente di tutto, dove le malattie fecero strage tra gli uomini debilitati da mesi di sofferenze e privazioni; in questi campi, secondo le associazioni dei reduci, perse la vita un gran numero di uomini.

LA "LUNGA MARCIA"

Una fotografia scattata durante la cosiddetta "Lunga Marcia" sulla neve per sfuggire all'accerchiamento delle truppe sovietiche.

DALLA RUSSIA A MILANO

Un cammello, abbandonato dai Russi, che seguì gli Alpini in ritirata; finì allo zoo di Milano.

ALPINI NELLE DUE ITALIE

AL FIANCO DEI TEDESCHI E AL FIANCO DEGLI ALLEATI

3

DOPO L'8 SETTEMBRE DEL 1943 LA GUERRA CIVILE, CHE INFURIÒ IN ITALIA FINO AL 1945, VIDE GLI ALPINI SCHIERATI SU FRONTI OPPOSTI: DA UNA PARTE CON IL CORPO ITALIANO DI LIBERAZIONE E LE BRIGATE PARTIGIANE E DALL'ALTRA INSERITI NEL NUOVO ESERCITO DELLA REPUBBLICA SOCIALE ITALIANA.

Gli scontri avvenuti nell'Italia settentrionale dal 1943 al 1945 videro gli Alpini schierati su fronti opposti: da una parte con le brigate partigiane che affiancarono le truppe degli Alleati, prevalentemente angloamericane; dall'altra con l'esercito della neocostituita Repubblica Sociale Italiana (RSI), che promuoveva la continuazione dell'alleanza tra l'Italia e la Germania.

LA DIVISIONE MONTEROSA

Manifesto propagandistico della 4ª Divisione Alpina Monterosa. Il 16 luglio del 1944, dopo un periodo di addestramento in Germania, all'unità furono consegnate le bandiere da combattimento a Münsingen da Benito Mussolini, che dopo averla passata in rassegna tenne un discorso ai reparti schierati.

LA DIVISIONE MONTEROSA E IL REGGIMENTO TAGLIAMENTO DELLA RSI

Il 1° gennaio del 1944 nacque a Pavia la Divisione Monterosa, forte di migliaia di Alpini. Dopo un breve addestramento in Germania, questa unità fu impiegata in Garfagnana, dove respinse tra il 25 e il 30 dicembre un attacco americano. Nei mesi successivi venne spostata nelle Alpi occidentali per tentare di sbarrare la strada ad altre forze, soprattutto francesi, provenienti da oltralpe. Alcuni Alpini della Monterosa, precisamente il Gruppo Mantova, resistettero agli Alleati fino all'8 maggio del 1945, quando si arresero. Fu l'ultimo reparto militare della Repubblica Sociale a cessare il combattimento. Il Reggimento Alpini Tagliamento (2.000 uomini)

● **IL BATTAGLIONE PIEMONTE**

Alpini del Battaglione Piemonte del Corpo Italiano di Liberazione in posa, un po' goliardica, all'indomani della liberazione di Jesi il 20 luglio del 1944.

UNA DATA

31 marzo 1944. *Nella battaglia di Monte Marrone gli Alpini italiani del Corpo Italiano di Liberazione, comandato dal generale Umberto Utili, combattono contro i loro omologhi tedeschi, i Gebirgsjäger, e li costringono ad abbandonare le loro postazioni sulle vette di Monte Marrone e Monte Mare, due alture della catena delle Mainarde.*

fu costituito il 17 settembre del 1943 e venne impiegato contro le formazioni partigiane iugoslave di Tito a protezione delle strade che conducevano a Udine e Gorizia. Unità di Alpini furono anche inserite all'interno di altre formazioni dell'esercito repubblicano.

ALPINI NELL'ESERCITO DEL REGNO DEL SUD E CON LE BRIGATE PARTIGIANE

Nell'esercito del Regno del Sud furono organizzati due battaglioni di Alpini e un gruppo di artiglieria da montagna; poi, queste unità aumentarono di numero. Non è semplice, invece, individuare i reparti di Alpini che si aggregarono alle brigate partigiane e che operarono sulle Alpi fino al 25 aprile del 1945. Questi Alpini si confusero, infatti, con migliaia di altri giovani che, insieme ai meno giovani, avevano deciso di imbracciare le armi contro i tedeschi e contro le forze fasciste impegnate nella continuazione della guerra. Si ricordano migliaia di episodi e, tra questi, spicca quello che vide protagonista il sergente Maggiorino Marcellin, divenuto partigiano in Piemonte. Nell'agosto del 1944, Marcellin, al comando di circa 1.000 uomini di una delle più efficienti formazioni della Resistenza nella regione, la 44ª Divisione Val Chisone – intitolata ad Adolfo Serafino (ufficiale degli Alpini caduto in combattimento contro i tedeschi) – si impegnò in una vera e propria battaglia campale contro le unità della *Wehrmacht* che durò alcuni giorni. Il comandante Marcellin rifiutò più volte la proposta di arrendersi. Egli sopravvisse al conflitto e fu decorato al valor militare.

● **ALPINI NELLA RSI**

Consegna della drappella (il piccolo drappo ricamato e ornato dell'insegna del corpo) al Battaglione Alpini Varese dell'esercito della Repubblica Sociale Italiana.

RECLUTE

Giovani reclute (i bocia) degli Alpini dell'esercito della Repubblica Sociale Italiana in una fotografia del marzo del 1944.

1943-1945: SU FRONTI OPPOSTI

Con la destituzione e l'arresto di Mussolini, e quando l'8 settembre Badoglio, capo del governo nominato dal re, annunciò l'armistizio con gli angloamericani e i tedeschi occuparono l'Italia settentrionale, la popolazione si divise in due schieramenti: da un lato, coloro che considerarono l'armistizio come la fine di un incubo e, dall'altro, quelli che vi scorsero un tradimento nei confronti degli impegni presi con l'ingresso in guerra a fianco della Germania nel 1940 e un voltafaccia rispetto a tutto ciò in cui avevano creduto. Questi sentimenti, che presero campo mentre lo Stato Maggiore dell'esercito aveva lasciato senza direttive le truppe su tutti i fronti di combattimento, portarono rapidamente alla divisione del Paese in due parti: il Regno del Sud, che costituì un piccolo esercito "cobelligerante", e nelle regioni settentrionali, dopo la liberazione di Mussolini da parte dei tedeschi, la Repubblica Sociale.

La guerra continuò: gli Alleati cercarono di risalire la penisola appoggiati dalle brigate partigiane, formate, in coalizione o meno, da tutte le forze politiche avverse al vecchio regime; per parte loro, i tedeschi, affiancati dalle truppe della Repubblica Sociale, li contrastarono in tutti i modi, anche se le sorti del conflitto si decidevano ormai altrove e le possibilità di una vittoria della Germania si facevano sempre più remote. I mesi tra il settembre del 1943 e l'aprile del 1945 furono caratterizzati dallo sfinimento e dall'angoscia

UNA CURIOSITÀ

Nell'organico della 4ª Divisione Alpina Monterosa della RSI si contavano anche 30 ausiliarie alpine, le prime nella storia del Corpo degli Alpini.

per il massacro che si protraeva, ma i più non rinunciarono a riaffermare un'identità nazionale e uno spirito di lotta, sia pure senza sciogliere il nodo dei sentimenti contraddittori che li animavano.

Alcuni Alpini si unirono infatti alle brigate partigiane tra le Alpi e l'Appennino tosco-emiliano, altri si arruolarono nell'esercito del Sud, altri ancora scelsero la Repubblica Sociale.

Questi ultimi furono raggruppati nel Reggimento Tagliamento, che ricevette subito l'incarico di portarsi ai confini orientali del Paese per proteggerli dalle formazioni partigiane iugoslave che, sull'onda dei successi contro i tedeschi, cercavano di dar corpo ad ambizioni di ampliamento territoriale in alcune zone del Friuli e del Veneto abitate da minoranze slovene. Il Tagliamento sbarrò loro la strada per Udine e Gorizia, con un episodio di insolita alleanza con la Brigata Osoppo della Resistenza.

Nel gennaio del 1944 la Repubblica Sociale costituì a Pavia la Divisione Monterosa, formata da circa 20.000 Alpini. Dopo aver respinto un attacco della 5ª Armata statunitense, venne spostata nelle Alpi occidentali dove ostacolò le forze francesi, provenienti da oltralpe. Queste forze, nei piani di De Gaulle, dovevano occupare e annettere la Valle d'Aosta penetrando in Piemonte e spingendosi fino alle province di Imperia e Savona. Il tentativo della Monterosa, che durò dal 26 aprile all'8 maggio del 1945, riuscì per la contrarietà del comando angloamericano rispetto alla mossa francese e per il comportamento dei dirigenti della Resistenza locale (Émile Chanoux, Federico Chabod e Alessandro Passerin d'Entrèves) che si accordarono – è il secondo episodio del genere degno di nota – per una convergenza operativa con la Divisione. Questa si arrese subito dopo ai reparti angloamericani che risalivano dalla pianura.

A FIANCO DEGLI ALLEATI

Fanti italiani sulle pendici di Montelungo, presso Caserta, nel dicembre del 1943: fu il primo episodio che vide delle unità militari italiane combattere con gli Alleati dopo l'armistizio di Cassibile.

MONTE MARRONE

Alpini del Battaglione Piemonte in marcia verso le linee tedesche sul Monte Marrone, dove si svolse un combattimento contro le truppe tedesche del generale Fridolin von Senger und Etterlin.

SFILATA

Un momento della sfilata degli Alpini partigiani svoltasi a Milano il 6 maggio del 1945, dopo la liberazione.

Nel Sud, invece, il contributo degli Alpini alla guerra di liberazione cominciò nell'ottobre del 1943, quando venne formato in Puglia il Reparto Esplorante Alpino, all'inizio con 300 soldati che erano stati colti dall'armistizio a Bari mentre erano in attesa di essere imbarcati per il Montenegro, dove avrebbero trovato la Divisione Taurinense. Con il sopraggiungere dai Balcani di altri Alpini, che erano riusciti a sottrarsi alla cattura da parte dei tedeschi o dei partigiani titoisti, il reparto si trasformò in battaglione prendendo il nome di Piemonte ed entrò a far parte del 1° Raggruppamento Motorizzato dell'esercito del Regno del Sud, che presto si sarebbe chiamato Corpo Italiano di Liberazione (CIL).

Nel marzo del 1944 i comandi angloamericani usarono gli Alpini in combattimento sull'Appennino abruzzese-molisano per la conquista di Monte Marrone e Monte Mare, dove i tedeschi avevano schierato un battaglione delle loro truppe da montagna (*Gebirgsjäger*). Nelle prime ore del 31 marzo il Battaglione Piemonte, su tre colonne, salì da quota 1.180 metri e i gruppi esploranti, superando grandi difficoltà per l'asprezza del terreno, arrivarono alle prime luci del giorno sulla cresta di Monte Marrone. Qui furono raggiunti dal resto dell'unità. L'operazione si concluse senza che il nemico

UN PERSONAGGIO

Noto scrittore italiano, Nuto Revelli fu ufficiale degli Alpini in Russia. Al ritorno in patria divenne comandante partigiano della Brigata Valle Stura Carlo Rosselli.

se ne accorgesse e suscitò grande impressione nei comandi angloamericani. Nei mesi successivi il Battaglione Piemonte fu unito al Battaglione Monte Granero, appena rientrato dalla Sardegna (dove era stato trasferito dopo aver operato in Corsica) e nacque così il 3° Reggimento Alpini. Questo reggimento venne utilizzato in scontri minori fino all'agosto del 1944, quando il CIL raggiunse la "linea gotica". Il Battaglione Piemonte, assieme al nuovo Battaglione L'Aquila, entrò a far parte del Gruppo di Combattimento Legnano, che ebbe un ruolo negli scontri nella valle dell'Idice (marzo 1945). Esso tallonò anche i tedeschi in ritirata fino a Bergamo (30 aprile) e a Torino (2 maggio). Il Battaglione Monte Granero, nel settembre del 1944, fu invece mandato in Sicilia per controllare l'ordine pubblico messo in forse da moti separatisti e rivolte popolari.

In queste operazioni gli Alpini rinnovarono sempre la loro tradizione di valore e spirito battagliero, tanto da guadagnarsi il rispetto dei comandi angloamericani.

Non si possono dimenticare poi i militari, e tra loro si trovavano moltissimi Alpini, che furono portati dopo l'8 settembre nei *lager* di internamento in Germania o che pochi mesi prima erano finiti nei campi di prigionia dell'Unione Sovietica: vissero patimenti indicibili e quelli che li superarono lo fecero con la convinzione che prima o poi le vicende belliche, con tutti gli orrori che comportavano, sarebbero finite e sarebbe stato possibile tornare a una vita normale.

Delle prove affrontate dagli Alpini sono state fornite molte testimonianze scritte, nelle quali risalta ancora una volta lo strettissimo legame tra il Corpo degli Alpini e il territorio di riferimento. Non è

D.D. EISENHOWER

Il generale statunitense Dwight David Eisenhower, comandante in capo delle forze alleate, fotografato con il cappello da Alpino; bloccò il tentativo francese di annessione della Valle d'Aosta.

CONTRO L'ARMÉE

Postazione di Alpini sulle montagne della Valle d'Aosta per contrastare l'avanzata dell'Armée des Alpes nel maggio del 1945.

certo un caso che nel Piemonte del settembre del 1943, tra i molti sbandati dell'armata dislocata sul confine occidentale che si erano radunati a Boves conservando armi e materiali, circolasse la voce di una divisione alpina, la Pusteria, ancora integra e in attesa, da qualche parte sui monti, di portare chiarezza e speranza in una situazione difficilissima e caotica.

Era ovviamente un'illusione, destinata a svanire di fronte alla realtà, ma era anche il segnale di un sentire diffuso: l'idea che la scelta di campo che gli Alpini avrebbero fatto sarebbe stata corrispondente agli interessi del Paese. Essi lo avevano già provato contrastando l'esercito tedesco dopo l'armistizio del 1943 (lo aveva fatto la Divisione Taurinense in Montenegro, non da meno erano stati i resti della Cuneense e della Tridentina in Trentino, quelli della Julia in Friuli, poi la Pusteria sulle Alpi Marittime, altri reparti in Corsica, nell'Alto Isonzo, nell'entroterra di La Spezia e altrove).

Gli Alpini, soprattutto quelli che si erano salvati dai fronti della Grecia e dell'Unione Sovietica, con la narrazione della tragedia di cui erano stati protagonisti, cooperarono a preparare quell'indirizzo pacifista e fortemente improntato alle autonomie locali dal quale sarebbe scaturita la Repubblica.

BRIGATA ALPINA OROBICA

Adunata della Brigata Alpina Orobica, costituita nel 1953, così chiamata perché il bacino di reclutamento era principalmente quello delle Alpi Orobie nelle Prealpi Lombarde.

IL DOPOGUERRA

La riorganizzazione degli Alpini dopo il 1945 fu piuttosto complessa e lunga a causa dei vincoli posti dall'armistizio del 1943

APPROFONDIMENTO

ALPINI D'ARRESTO. *Il 30 settembre del 1962 nacquero gli Alpini d'Arresto, nome che derivò dalla funzione di presidio delle opere protettive permanenti collocate lungo il confine con l'Austria e la Iugoslavia. Una denominazione simile fu introdotta anche per i reparti di fanteria con riferimento a linee difensive di pianura. Dal 1992, con il crollo dell'Unione Sovietica, non si parlò più di Alpini d'Arresto e di Fanteria d'Arresto. L'11° Raggruppamento Alpini d'Arresto aveva come motto: «Nella roccia, come la roccia!».*

e dal trattato di pace del 1947. Con l'entrata dell'Italia nel Patto Atlantico, nacquero, tra il 1949 e il 1953, quattro brigate dislocate sui confini orientali (Julia, Tridentina, Orobica e Cadore) e una (Taurinense) stanziata in Piemonte, sulla base di un reclutamento effettuato per lo più nelle zone operative. Riapparve il Battaglione Monte Cervino, composto da Alpini paracadutisti, e vennero istituiti i Centri di addestramento per le Reclute. Per tutta la durata della guerra fredda gli Alpini furono chiave di volta dei piani preparati nell'ipotesi di un'offensiva del Blocco di Varsavia. Dal 1963 un piccolo contingente fu assegnato alla NATO. Negli anni Settanta, eliminati i reggimenti, le brigate furono raccolte nel 4° Corpo d'Armata Alpino. Nei primi anni Novanta, con la sparizione della minaccia da est, le truppe da montagna furono ridotte. Nel 1995, la contrarietà all'uso di militari di leva per missioni all'estero portò a introdurre l'arruolamento di volontari. Inoltre, la motorizzazione fece cessare il tradizionale sodalizio tra gli Alpini e i muli, che durava dall'Ottocento.

BATTAGLIONE DA POSIZIONE

Distintivo dell'11° Raggruppamento Alpini d'Arresto, costituito nel 1962 con la denominazione di 11° Battaglione da Posizione.

ALPINI D'ARRESTO

Squadra di Alpini d'Arresto in marcia verso La Thuile, in Valle D'Aosta, per raggiungere il campo invernale.

4 ALPINI IN TEMPO DI PACE

SOCCORSI E MISSIONI ALL'ESTERO

ITALIA

4 ALPINI IN TEMPO DI PACE

SOCCORSI E MISSIONI ALL'ESTERO

IN TEMPO DI PACE L'IMPEGNO DEGLI ALPINI SI ESPRIME NELLA SOLIDARIETÀ E NEL SOCCORSO ALLA POPOLAZIONE CIVILE, SIA IN ITALIA SIA ALL'ESTERO.

SOCCORSO E PROTEZIONE CIVILE

Dopo la riorganizzazione del Corpo avvenuta nel dopoguerra, gli Alpini continuarono la tradizione delle opere di soccorso alle popolazioni colpite da disastri ambientali e altre emergenze iniziata già poco tempo dopo la loro nascita. Questo impegno, estraneo ai compiti istituzionali del Corpo, si attuò una prima volta in modo particolarmente significativo con la partecipazione alle operazioni di soccorso seguite al terremoto del dicembre del 1908, che aveva interessato la Calabria e la Sicilia.

Da quel momento in avanti fu tutto un susseguirsi di interventi di questo tipo e, dopo il 1919, gli uomini in armi furono affiancati nel loro lavoro dai reduci e dall'ANA (Associazione Nazionale Alpini), una delle più grandi organizzazioni di questo genere esistenti al mondo.

L'opera che essi prestarono dagli inizi degli anni Cinquanta del secolo scorso, intervenendo durante la grande alluvione del Polesine (1951) o dopo la catastrofica tracimazione della diga del Vajont (1963), che lasciò sotto un mare di fango quasi 2.000 morti, si sviluppò anche verso la tutela di un ambiente che versava in condizioni disastrose. L'elenco di tutte le specifiche attività degli Alpini in questo campo, valso al Corpo e ai suoi singoli componenti numerosi riconoscimenti, sarebbe, da un lato, doveroso, ma, dall'altro, lungo: non c'è zona d'Italia in cui gli Alpini non siano stati presenti quando necessario. Inoltre un'enumerazione cronologica degli interventi effettuati, in cui questi finirebbero per giustapporsi l'uno all'altro senza un filo conduttore, lascerebbe impregiudicata la questione dell'impianto complessivo della protezione civile nel Paese, certo non di competenza del Corpo, che rinvia a organi superiori, a partire dal governo.

UN FATTO

Da più di 15 anni le opere di solidarietà dei gruppi e delle sezioni ANA vengono rendicontate ogni anno nel Libro verde della solidarietà.

ALCUNI CASI SIGNIFICATIVI

Uno degli esempi più significativi dell'opera di soccorso compiuta dagli Alpini è rappresentato da ciò che sono stati capaci di realizzare in occasione del terremoto in Friuli del 6 maggio del 1976, i cui danni furono accresciuti dalle scosse di assestamento del settembre successivo. I morti furono quasi un migliaio, i feriti 3.000 e gli sfollati più di 100.000; furono danneggiati più o meno gravemente oltre 90 comuni e altri 45 furono rasi al suolo, facendo contare alla fine 18.000 edifici distrutti e altri 75.000 danneggiati, nelle province di Udine e Pordenone. All'epoca si era appena cominciato a discutere di "protezione civile" e la mobilitazione degli Alpini e dell'ANA fu straordinaria per proporzioni ed essenziale per il superamento dell'emergenza. Certo, non furono solo gli Alpini a portare solidarietà alle popolazioni colpite da questo sisma: anche altri enti e organizzazioni, ovviamente oltre al governo, si attivarono, non solo dall'Italia ma anche da altri Paesi. Gli sfollati, 40.000 dei quali furono provvisoriamente sistemati lungo la costa adriatica, poterono rientrare nei loro luoghi di residenza nel giro di pochi mesi. La ricostruzione, durata un decennio, fu totale e ancora oggi il modo in cui venne gestita l'emergenza dopo il terremoto viene ricordato come un alto esempio di efficienza e serietà.

UNA FRASE

Nelle gare di solidarietà e raccolta di fondi gli Alpini restano fedeli al motto del 5° Reggimento: «Nec videar, dum sim», (Nulla per apparire, tutto per essere).

IN AIUTO AI TERREMOTATI

Soccorso dell'ANA alle popolazioni dell'Emilia, colpite dal terremoto nel maggio del 2012. Una tendopoli allestita per ospitare le persone sfollate.

Danneggiamenti e crolli si erano verificati anche nelle caserme della Brigata Julia, causando feriti e morti, ma il comando della Brigata stessa, a Gemona, provvide immediatamente a costituire un centro operativo di soccorso con funzionamento continuo e approntò un'unità di primo intervento formata da un nucleo comando, un nucleo sanità, un nucleo trasmissioni e due gruppi di lavoro. In pochissimo tempo anche tutti gli uomini della Brigata furono mobilitati per il soccorso e l'assistenza ai civili. L'ANA, anch'essa intervenuta fin dal primo momento, dopo l'assistenza realizzò per parte sua un'impresa degna di nota: **nel solo 1976, 3.280 case riparate, 76 ristrutturate, 50 ricostruite, 63.000 metri quadrati di tetti rimessi a posto.** L'Associazione gestì anche un ingente contributo consegnato direttamente nelle sue mani dal governo americano e che venne impiegato per edificare sette complessi scolastici e otto centri per anziani. Ci sia consentito aggiungere che una parte di tale contributo, non spesa, fu restituita all'ente donatore.

Oltre a quelli già citati, non possono passare sotto silenzio molti altri casi di soccorso alle popolazioni in situazioni di emergenza da parte dagli Alpini, che hanno visto in campo migliaia di uomini e ingenti mezzi, in uno slancio di solidarietà e generosità senza pari.

IL DISASTRO DEL VAJONT

Al centro. Gli Alpini della Brigata Alpina Cadore furono i primi a intervenire a Longarone dopo la tragedia del Vajont. I suoi reggimenti furono poi decorati con la medaglia d'oro al valor civile.

L'ANA PER LA PROTEZIONE CIVILE

In alto. Progettato a partire da un'idea nata durante i soccorsi in Friuli, nell'aprile del 1988 fu inaugurato a Milano il primo ospedale da campo dell'ANA per la Protezione Civile. Completo di sala operatoria, fu utilizzato per la prima volta quello stesso anno in Armenia, colpita da un disastroso terremoto.

Ci limitiamo a quelli più recenti: gli interventi dopo i terremoti in Umbria e nelle Marche nel 1997, nel Molise nel 2002, in Abruzzo nel 2009-2010 (sisma con scosse di assestamento continuate per lunghissimo tempo) o nella Pianura padana nel 2012, ai quali si aggiungono tutte le mobilitazioni per fronteggiare le conseguenze delle ricorrenti alluvioni.

UN FATTO

Il 6 aprile del 2009, poche ore dopo le scosse, la Protezione civile ANA aveva già inviato in Abruzzo 11 nuclei cinofili per salvare le persone sotto le macerie.

GLI ALPINI E IL SERVIZIO DI PROTEZIONE CIVILE

Tornando un po' indietro nel tempo: nel 1970, si cominciò a discutere in Italia di "protezione civile" e si presero iniziative pionieri-

APPROFONDIMENTO

CAPACITÀ PROFESSIONALI. *Sono uno dei requisiti richiesti dall'ANA per diventare volontario. Secondo il "Vademecum del volontario" sono da ritenersi tali anche quelle maturate nell'ambito delle «attività svolte a livello amatoriale come alpinismo, immersioni subacquee, informatica, guida di mezzi speciali quali anfibi, hovercraft o altro, [che] possono diventare molto utili durante un'emergenza proprio perché, trattandosi di un'emergenza, non sono prevedibili né le situazioni né le condizioni in cui si andrà ad operare e, pertanto, garantiscono un'innegabile flessibilità operativa».*

L'AIUTO DEGLI ALPINI NELLA RICOSTRUZIONE DEL FRIULI

Nel 1976, l'ANA venne incaricata di gestire il contributo elargito dal governo degli Stati Uniti per la ricostruzione del Friuli, colpito da un disastroso terremoto durante quello stesso anno. Nella fotografia, alcuni volontari dell'associazione prestano la loro opera per smaltire le macerie e costruire nuove abitazioni.

MISSIONE UMANITARIA

L'operazione Albatros del 1993-1994 aveva anche il compito di garantire in Mozambico la sicurezza degli operatori umanitari, nonché del personale dell'ONU.

ALPINI IN MOZAMBICO

In alto a destra. Cartolina commemorativa dell'operazione Albatros che vide gli Alpini delle Brigate Alpine Julia e Taurinense impegnati in Mozambico.

stiche in tal campo. Fin da subito gli Alpini si resero disponibili e furono utilizzati ampiamente. Nel 1992 nacque il Servizio Nazionale della Protezione Civile, che nel 2017 (con attuazione nel 2018) è stato anche fornito di un apposito codice, del quale gli Alpini e l'ANA, in qualche modo ispiratori del Servizio stesso, hanno fatto un pilastro del loro lavoro, che comprende anche compiti di sorveglianza in tempo reale di quelle situazioni potenzialmente pericolose per la popolazione.

In sostanza, **il Corpo degli Alpini e l'ANA sono ormai orientati, con un'efficienza che fa loro onore, ad affrontare tutte le situazioni di emergenza** che possono presentarsi a causa delle precarie condizioni del territorio e tutte quelle determinate da altri fattori, attraverso l'allestimento di campi base, l'organizzazione di primi soccorsi immediati, il ripristino – in collaborazione con le altre strutture preposte – dei sistemi di comunicazione, il supporto a eventuali evacuazioni, la creazione di posti medici avanzati, il trasporto e la conservazione di viveri e materiali (anche per i soccorritori) e l'installazione di strutture di ricovero per sinistrati e sfollati. Appositi corsi di formazione e addestramento vengono inoltre pianificati con regolarità: il tutto è inquadrato in un ingranaggio dello Stato ormai rodato, che va sviluppato e migliorato sempre di più, soprattutto dal punto di vista della prevenzione.

Sempre nel contesto della Protezione Civile, un cenno a parte merita la collaborazione degli Alpini a tutte le ricostruzioni che si sono rese necessarie dopo le emergenze, così come le raccolte di fondi destinati alle zone disastrate e nelle quali l'ANA è sempre stata in prima fila. **Ugualmente significativa è la presenza di unità alpine in quella serie di operazioni volta a garantire ciò che viene chiamato "ordine pubblico"**, con il controllo del territorio o la sorveglianza dei cosiddetti obiettivi sensibili nelle più importanti città italiane.

SPILLA COMMEMORATIVA

Operazione Albatros, Mozambico, 1993-1994. Una spilla della Brigata Alpina Taurinense a ricordo della missione.

LE MISSIONI MILITARI E DI SOCCORSO ALL'ESTERO

L'attività degli Alpini si è proiettata anche nel più complesso settore della solidarietà internazionale verso le popolazioni di Paesi nei quali si presentavano situazioni di emergenza, soprattutto in Asia centrale e Africa, con alcuni casi eccezionali. Il primo, nel 1988, quando un devastante terremoto colpì l'Armenia e furono inviati dall'Italia medicinali e un ospedale da campo, occasione in cui

RITORNO IN PATRIA

Avvicendamento di reparti a Herat, in Afghanistan, il 13 agosto del 2013: l'8° Reggimento Alpini di Cividale del Friuli lascia la base di Camp Arena. La bandiera di guerra segue gli Alpini che rientrano in Italia.

I CORPI ALPINI OGGI

DAI MULI AL PARACADUTE NUOVI REPARTI SPECIALIZZATI

LE TRUPPE ALPINE DELL'ESERCITO ITALIANO CONTANO OGGI CIRCA 9.500 MILITARI, TRA I QUALI PIÙ DI 500 DONNE; SONO RAGGRUPPATE IN DUE BRIGATE: LA TAURINENSE, CON SEDE A TORINO, E LA JULIA, CON SEDE A UDINE, OLTRE AI REPARTI DEL CENTRO DI ADDESTRAMENTO ALPINO DI AOSTA.

● ALPINI SCIATORI

A destra. Festa della Repubblica, 2 giugno 2010: gli Alpini Sciatori dell'8° Reggimento sfilano in parata. Oltre agli sci portano sul fianco il fucile d'assalto Beretta SC 70/90, *l'arma in dotazione.*

● ALPINI PARACADUTISTI

A sinistra. Ranger del 4° Reggimento Alpini Paracadutisti effettuano prove di discesa dall'elicottero durante i Campionati Sciistici delle Truppe Alpine (Ca.STA) del 2013, che li hanno visti vincitori.

Il Corpo degli Alpini è guidato dal Comando Truppe Alpine (CTA), con sede a Bolzano, che coordina dal 2016 le attività e l'impiego delle maggioranza delle truppe. Responsabile dell'addestramento e della preparazione, inquadra due brigate, il Centro Addestramento Alpini e alcuni reparti di supporto nonché la sezione Meteomont e le squadre inserite nel Soccorso alpino. Il CTA comprende, dal 2002, anche il Comando Divisione Tridentina, un comando di proiezione che non dispone di forze assegnate in tempo di pace, ma che all'occorrenza è dislocabile all'estero, nel quadro di operazioni internazionali. Il Centro Addestramento di Aosta è la scuola di formazione del Corpo: da qui passano volontari, sottufficiali e ufficiali destinati al servizio. Ha il compito di formare allo sci, all'alpinismo, alla conoscenza della neve e delle valanghe e al soccorso organizzato in montagna il personale in servizio permanente, oltre a quello delle forze speciali italiane in genere e di alcuni eserciti alleati o "amici". La Brigata Alpina Julia, con quartier generale a Udine, è così strutturata: un reparto comando e supporti tattici, tre reggimenti d'arma di base (a Vipiteno, Belluno e Venzone), un reggimento di cavalleria a vocazione esplorante con mezzi blindati (Villa Opicina), un reggimento artiglieria da montagna con pezzi a traino meccanico (Remanzacco), un reggimento genio guastatori (Trento) e un reggimento logistico (Merano). La Brigata Taurinense, con quartier generale a Torino, dispone anch'essa di un reparto comando e supporti tattici, tre reggimenti d'arma di base (San Rocco di Cuneo, Pinerolo e L'Aquila), un reggimento di cavalleria a vocazione esplorante con mezzi blindati

(Bellinzago Novarese), un reggimento di artiglieria da montagna con pezzi a traino meccanico (Fossano), un reggimento genio guastatori (Torino) e un reggimento logistico (Rivoli). Un reggimento di recente costituzione con sede centrale a Brunico è incaricato di gestire le aree di addestramento del Trentino Alto Adige, le attività d'istruzione e di sperimentazione del Comando Truppe Alpine. A Montorio ha sede, invece, il Reggimento Alpini Paracadutisti Monte Cervino (che fino ad alcuni anni fa era un battaglione), alle dipendenze del Comando delle forze speciali dell'esercito. Esiste, da ultimo, un Reggimento Trasmissioni Alpino, ancora con sede a Bolzano, subordinato al Comando trasmissioni dell'esercito.

ATTIVITÀ SPORTIVE

Esiste poi l'importante Reparto Attività Sportive che ha sede a Courmayeur (Valle d'Aosta). Si tratta di una delle più importanti realtà dello sport italiano d'eccellenza per quanto riguarda le discipline invernali. Il RAS inquadra i migliori atleti militari di entrambi i sessi degli sport della neve, del ghiaccio e della montagna: gran parte di loro fa parte delle varie squadre nazionali italiane e partecipa alle principali competizioni.

UNA FRASE

Mai strack, un'espressione che significa «Mai stanchi!», è il motto del 4° Reggimento Alpini Paracadutisti (Ranger). Il personale viene formato con un duro addestramento di circa due anni e il reparto è a oggi l'unica unità di forze speciali dell'Esercito italiano qualificata per operazioni in ambiente montano e artico.

Molto stretto è il rapporto che unisce il RAS e il Centro Addestramento, che a loro volta hanno un rapporto molto stretto con il CONI. IL RAS non è tuttavia soltanto una realtà sportiva d'eccellenza, ma è composto dalla Sezione Sci Alpinistica (SSA) e dalla Sezione Militare di Alta Montagna (SMAM). La prima inquadra i migliori istruttori di sci e alpinismo dell'esercito italiano, in possesso delle massime qualifiche in ambito militare e civile, e programma, organizza e conduce tutti i corsi di formazione professionale nel settore dello sci, dell'alpinismo, del soccorso alpino e della specializzazione in montagna. La seconda è composta da alcuni tra i migliori alpinisti del panorama italiano, cioè dalle più qualificate guide alpine militari.

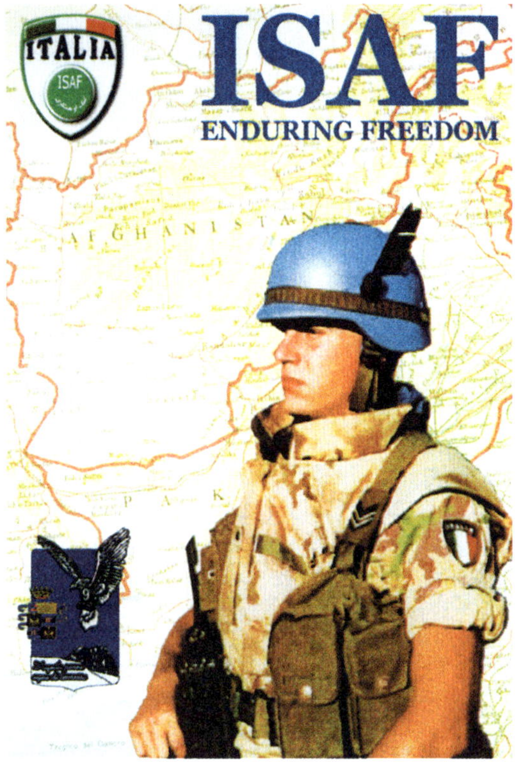

ALPINI IN AZIONE

Soldati del 4° Reggimento Alpini Paracadutisti in Afghanistan impegnati in un'azione di rastrellamento nel 2007; sono equipaggiati con carabine Beretta SCS 70/90.

gli Alpini contribuirono anche alla costruzione di un villaggio per sfollati. Il secondo nel 1993-1994, con una missione in Mozambico, sconvolto da una prolungata guerra civile, nel quadro di un'operazione umanitaria delle Nazioni Unite, con la costruzione di scuole e di un centro di accoglienza per bambini denutriti, senza trascurare l'organizzazione della sicurezza per le organizzazioni partecipanti, a opera di forze delle Brigate Taurinense e Julia. Infine, il terzo, nel 2004, nell'Ossezia settentrionale, repubblica caucasica della Federazione russa, quando gruppi della guerriglia separatista cecena sequestrarono nel piccolo centro di Beslan più di un migliaio di civili,

APPROFONDIMENTO

CORSI DI ALPINISMO. *Gli Alpini della Brigata Alpina Julia facenti parte della formazione multinazionale MLF (Multinational Land Force) hanno condotto dei corsi di alpinismo nel sud del Libano, nell'ambito della missione Leonte. Usando una palestra artificiale realizzata appositamente all'interno della base e con l'aiuto di assistenti madrelingua che provvedevano alla traduzione, gli Alpini hanno insegnato e spiegato le tecniche di base di arrampicata su vie ferrate. L'addestramento di truppe locali rientra, infatti, tra i molteplici compiti dell'UNIFIL, La Forza di Interposizione in Libano delle Nazioni Unite.*

IN AFGHANISTAN

In alto a destra. La cartina dell'Afghanistan sullo sfondo di una cartolina commemorativa della partecipazione degli Alpini alla missione Enduring Freedom.

tra i quali moltissimi bambini. Le forze speciali di Mosca li attaccarono e la strage che ne derivò ebbe proporzioni notevoli (quasi 400 morti e più di 700 feriti). Gli Alpini arrivarono a Beslan con un *C130* dell'Aeronautica militare che portò materiale sanitario e le apparecchiature di un ospedale da campo gestito dall'ANA. Questi episodi, all'epoca isolati, sono stati il punto di partenza di un'intensa attività all'estero.

In base alle decisioni di politica estera dell'Italia, il Corpo è stato coinvolto, dalla fine degli anni Ottanta del secolo scorso, anche in una serie di missioni a carattere specificamente militare, volte a tutelare gli equilibri politici di volta in volta messi in forse in una serie di Stati. Queste missioni sono state collocate sotto l'egida della NATO o dell'ONU e tutte le volte gli Alpini hanno fornito una prova incontestabile delle loro capacità.

In primo luogo vanno citate le azioni in Libano (più di una negli anni Ottanta) con una forza di interposizione tra gli israeliani, che avevano invaso il Paese nel 1981, e i palestinesi – in protezione anche dei civili, soprattutto dopo le note stragi nei campi profughi di Sabra e Chatila nella parte settentrionale del Paese (1982) – e poi tra Israele e i miliziani sciiti di Hezbollah. Occorre anche ricordare quelle nel Kosovo (anni Novanta, ma ancora in atto), dove erano in corso scontri tra gli indipendentisti albanesi e l'esercito iugoslavo, per la precisione serbo, in una crisi sfociata nell'attacco della NATO alla Serbia. Del 2003 è la partecipazione di un contingente italiano di terra alla seconda guerra del Golfo contro l'Iraq, dopo che nella prima erano intervenute soltanto la marina e l'aviazione, mentre del 2018 è il presidio in Kurdistan della diga di

MISSIONE IN KOSOVO

La cerimonia di passaggio delle consegne dal 5° Reggimento Alpini al 132° Reggimento Carri, al termine della missione in Kosovo, il 9 giugno del 2015. L'unità è stata impiegata, oltre che in Kosovo, anche in Bosnia e in Afghanistan.

ALPINI IN GIORDANIA

Sullo sfondo di questa fotografia si vede l'ospedale da campo costruito in Giordania dall'ANA nel 2012, nei pressi di un campo profughi prossimo alla frontiera siriana. In primo piano tre cappelli alpini.

CONTROLLO DI STRADE

Fra i compiti degli Alpini in missione in Afghanistan c'è quello del controllo del territorio, in particolare delle vie di comunicazione. Il Paese è stato diviso in zone di competenza affidate alle forze delle Nazioni che partecipano alla coalizione internazionale.

Mosul, minacciata dalle forze dello Stato islamico (ISIS) oggi sconfitto. Vari reparti Alpini sono stati utilizzati in tutte queste occasioni e nell'ultima è toccato agli uomini della Brigata Julia.

Ma la più importante tra le missioni italiane all'estero è cominciata nel 2002, con la partecipazione a una coalizione internazionale promossa dagli Stati Uniti per eliminare la guerriglia dall'Afghanistan, snodo strategico dell'Asia centrale. In questo Paese l'ala più oltranzista del fronte islamico aveva avuto ragione dell'occupazione sovietica nel 1989 e aveva battuto anche le componenti più moderate della resistenza, ponendo una pesante ipoteca sul controllo occidentale in via di riorganizzazione nella regione. Sulle montagne del Paese aveva trovato una base operativa anche Osama Bin Laden, che fu considerato dal governo americano l'ispiratore e l'organizzatore materiale degli attentati compiuti negli Stati Uniti l'11 settembre del 2001. Dopo un ultimatum al nuovo governo afghano perché consegnasse loro Bin Laden e i suoi sostenitori, gli Stati Uniti promossero la coalizione internazionale, cui aderì anche l'Italia. Il risultato dell'arrivo delle forze di questa alleanza è stato l'instaurazione di una repubblica che è sopravvissuta soltanto grazie al protrarsi della presenza militare straniera. È cominciata così una nuova guerra che, a detta del

UN FATTO

Le missioni dette di peacekeeping *sono volte al mantenimento della pace in un territorio e messe in atto con il consenso delle parti in causa.*

APPROFONDIMENTO

TASK FORCE 45. *È il nome di un'unità militare interforze delle Forze speciali italiane attiva in Afghanistan nell'ambito dell'operazione Sarissa dell'International Security Assistance Force (ISAF), almeno dal giugno del 2006, ufficialmente non riconosciuta dallo Stato Maggiore della Difesa. Il numero degli effettivi della TF 45 è ancora sconosciuto, sebbene sia stimato in circa 200 uomini. Ne fanno parte militari provenienti da tutti i reparti delle Forze speciali italiane, sotto il comando operativo del 9° Reggimento d'assalto Paracadutisti Col Moschin dell'esercito. Gli Alpini sono presenti con un distaccamento del 4° Reggimento Alpini Paracadutisti Monte Cervino.*

presidente americano Donald Trump, non ha raggiunto il suo scopo. La guerriglia talebana è forte come prima e, a questo punto, si parla di disimpegno dall'Afghanistan. La missione in Afghanistan è stata ed è la più difficoltosa per le nostre truppe. **Qui le forze armate italiane hanno dovuto combattere più volte contro i mai domati guerriglieri talebani.** Per quanto riguarda gli Alpini, nel Paese sono stati dispiegati gli effettivi della Brigata Taurinense e del Battaglione Monte Cervino. Al contingente sul campo sono state attribuite medaglie al valore, alcune alla memoria perché i morti sono stati numerosi, anche tra gli Alpini.

SMINAMENTI

In basso a sinistra. In un Paese martoriato per anni dalla guerra come l'Afghanistan ci sono ancora molte mine antiuomo: nella fotografia, un Alpino della Brigata Alpina Taurinense sta rimuovendo il piatto di pressione di una mina.

IN PATTUGLIA

Pattuglie miste di Alpini e militari statunitensi perlustrano il territorio in Afghanistan nel maggio del 2010.

ORDINE PUBBLICO

Come altri reparti dell'esercito, gli Alpini sono stati utilizzati spesso in funzioni di ordine pubblico, sempre svolte con la tradizionale competenza e con forte senso del dovere, anche se con opinioni contrastanti all'interno del Corpo, nelle forze politiche e nella popolazione in genere. Il confronto tra queste opinioni non ha potuto trovare ancora un punto di sintesi, ma ciò non è sicuramente dipeso dal modo nel quale gli Alpini hanno risposto alle sollecitazioni delle autorità civili e militari.

Dalla seconda metà degli anni Cinquanta alla fine degli anni Ottanta del secolo scorso fu necessario tenere sotto stretto controllo le zone di confine con l'Austria, perché vi si era sviluppato un movimento separatista contrario agli accordi De Gasperi-Gruber del 1946 sull'Alto Adige. Questo movimento cercava di far pressione sul governo italiano con metodi terroristici. Nei pattugliamenti nella zona fu impiegato l'esercito a fianco delle forze di polizia e furono particolarmente attivi gli Alpini. La situazione si protrasse a lungo, ma oggi la stagione del terrorismo altoatesino pare finita.

Agli inizi degli anni Novanta, gli Alpini parteciparono a tre grandi operazioni contro la criminalità organizzata che si svolsero in Sardegna, Sicilia e Calabria. Nelle isole quella denominata "Forza Paris" si svolse dal luglio al settembre del 1992 mentre quella chiamata "Vespri siciliani" cominciò sempre nel luglio del 1992, durando però fino al 1998. In Calabria l'operazione Riace avvenne

ALPINI SULLE STRADE
Militari della Brigata Alpina Taurinense, impegnati nel 2008 a Torino nei quotidiani controlli sul territorio nell'ambito dell'operazione Strade Sicure.

● **IN PRESIDIO A ROMA**

Roma, settembre 2015. Presso l'arco di Costantino in zona Colosseo una pattuglia di militari del 7° Reggimento Alpini Feltre è impegnata nel controllo del territorio.

tra il 1994 e il 1995. A determinare queste iniziative fu la crescita esponenziale delle attività della malavita, nei confronti della quale lo Stato volle riaffermare con forza la propria presenza. Le tre operazioni ebbero da questo punto di vista un indubbio risultato, anche se, ovviamente, non poterono da sole stroncare né il banditismo sardo, né la mafia siciliana o la 'ndrangheta calabrese. Va ricordato che in Sardegna si verificarono episodi di tensione tra le truppe e la popolazione, che non interpretò favorevolmente il loro invio. In Sicilia, dove furono impiegati anche gli elicotteri dell'aviazione militare, il comando dell'operazione venne affidato a un generale di Corpo d'Armata (l'incarico fu ricoperto in successione da vari ufficiali). Gli uomini impiegati giornalmente per tutta la durata dell'operazione furono più di 6.000. I militari, che compresero la Brigata Julia e altri reparti degli Alpini, stesero sul territorio una rete di sorveglianza fissa e mobile, con rastrellamenti, pattugliamenti, posti di blocco stradali, controllo di edifici e automezzi, identificazione di persone e perquisizioni individuali. Alla fine si contarono più di un migliaio di arrestati e fu sequestrato un ingente quantitativo di armi ed esplosivi. In Calabria – dove giornalmente erano in servizio meno uomini – andò più o meno allo stesso modo, anche perché si mise a profitto l'esperienza compiuta in Sicilia.

È ancora in essere, in molte città, l'operazione Strade sicure, cominciata nel 2008 con l'affiancamento alla polizia e ai carabinieri di migliaia di soldati (a oggi circa 7.000), tra cui non poche Penne Nere. Gli uomini dell'esercito hanno funzioni sussidiarie rispetto alla polizia e ai carabinieri, cioè non dispongono di un'autorità di tipo giudiziario. La loro presenza è rivolta contro la microcriminalità ed è tesa a realizzare una stretta sorveglianza di siti e obiettivi sensibili.

● **UN FATTO**

Tra gli incarichi previsti dall'operazione Strade sicure c'è anche quello di prevenzione e ricerca di discariche abusive nella cosiddetta "terra dei fuochi".

5 ARMI, MEZZI E ADDESTRAMENTO

ARTIGLIERIA, SCUOLA E COMPETIZIONI

5 ARMI, MEZZI E ADDESTRAMENTO

ARTIGLIERIA, SCUOLA E COMPETIZIONI

LE PRIME CINQUE BATTERIE DI ARTIGLIERIA DA MONTAGNA FURONO APPRONTATE GIÀ POCHI ANNI DOPO LA FONDAZIONE DEL CORPO DEGLI ALPINI.

CANNONI, OBICI E MORTAI PESANTI

Non potendo ripercorrere in dettaglio la storia delle armi che il Corpo degli Alpini ha avuto in dotazione dalle sue origini e passare in rassegna quelle odierne, ci limitiamo all'essenziale, cominciando la nostra sintesi dall'artiglieria.

Nel 1877 furono create le prime cinque batterie di artiglieria da montagna, che furono poi raggruppate nella Brigata Artiglieria da Montagna; l'organico restò immutato fino al 1882, quando, dopo una riorganizzazione, le brigate diventarono due. Nel 1895 le brigate divennero cinque e, nel 1896, gli Alpini artiglieri ebbero il loro "battesimo del fuoco" ad Adua, guadagnando diverse medaglie d'oro per essersi sacrificati combattendo al fianco delle altre truppe. Nel 1908 le brigate di artiglieria assunsero nomi di città.

Nel 1867 era entrato in servizio il cannone *8BR*, calibro 86,5 mm, che fu il primo a equipaggiare il Corpo degli Alpini; ad avancarica, era scomponibile in soli due carichi per il trasporto da parte di cavalli o muli. **Nel 1881 fu adottato per l'uso in montagna il cannone *75B*, calibro 75 mm come da sigla, che continuò a essere usato fino ai primi anni del Novecento**; scomponibile in tre parti per il someggio, aveva ruote in legno o metallo.

Il cannone *70A*, calibro 70 mm, adottato nel 1904, risultò presto obsoleto per l'assenza di qualsiasi meccanismo di compensazione di un forte rinculo. Su affusto rigido, l'arma andava rimessa in batteria dopo ogni colpo, dato che arretrava allo sparo spostandosi di diversi metri. Fu comunque usata largamente nella guerra italo-turca e nella Prima guerra mondiale. Finita quest'ultima, fu dismessa da compiti di prima linea; molti pezzi furono trasferiti alla Guardia alla Frontiera e alle batterie someggiate coloniali che li usavano rispettivamente in postazione fissa e come cannone d'accompagnamento.

UN NOME

"Artigliere" è un termine che deriva dal latino ars telorum, *ovvero la capacità di lanciare proiettili, all'epoca dardi o frecce.*

Il cannone *65/17*, calibro 65 mm, fu adottato dall'esercito appositamente per le truppe da montagna a partire dal 1910 e venne utilizzato in batterie someggiate. Si trattava di un'arma di medio calibro, di facile utilizzo e leggera. Dotata anche di munizioni perforanti contro i carri armati, venne per questo adoperata lungo il Vallo Alpino Occidentale agli inizi della Seconda guerra mondiale. Da allora non fu più utilizzata. L'affusto era a deformazione e provvisto di ruote di legno, mentre il pezzo era scomponibile; poteva montare anche uno scudo d'acciaio, anch'esso removibile.

Nel 1909 un'altra riorganizzazione aveva mutato la denominazione delle brigate in reggimenti. Al momento dell'entrata in guerra dell'Italia, nel 1915, i reggimenti di artiglieria erano tre, di cui l'ultimo creato proprio in quell'anno, e comprendevano in tutto 39 batterie, più 11 batterie indipendenti impiegate a seconda delle esigenze, oltre a 20 batterie someggiate. Alla fine del 1916 si raggiunsero le cifre di 75 batterie da montagna e 75 batterie someggiate. Nel 1920 i reparti non furono più identificati con nomi di città, ma con numeri arabi progressivi.

Agli inizi del conflitto era entrato in servizio il cannone *M15* da 37 mm: un piccolo cannone con l'aspetto di un obice in miniatura, con tanto di riparo e ruote. Progettato appositamente per l'uso in trincea, poteva essere trasportato intero, da un uomo solo, tramite le ruote, trainato da animali o smontato in tre parti e someggiato.

Con l'ordinamento Mussolini del 1926, tornarono in vigore i nomi di città per i reggimenti di artiglieria. Il loro numero restò invariato fino al 1934, quando fu costituito un quarto reggimento di artiglieria da montagna. Nel 1939, apparvero inoltre nove gruppi di artiglieria "di valle".

ARTIGLIERIA IN MONTAGNA

Fotografia che mostra il riposizionamento di un pezzo di artiglieria in alta montagna da parte di un reggimento.

OBICE DA MONTAGNA

L'obice da montagna Škoda 7,5 cm Vz. 1915, *capolavoro dell'ingegneria militare del primo Novecento; molti pezzi furono acquisiti dall'Italia come bottino bellico nella Prima guerra mondiale e utilizzati con la denominazione* Obice 75/13 Mod. 1915 *nella Seconda guerra mondiale e nel dopoguerra, come artiglieria da montagna.*

L'obice da montagna *Skoda 75/13* era entrato in servizio nel 1915. Equipaggiò l'artiglieria da montagna dal 1940 al 1945 e gli Alpini lo portarono sul fronte russo, utilizzandolo come pezzo controcarro. Restò in servizio fino alla fine degli anni Sessanta del secolo scorso, quando fu sostituito dall'*Oto Melara 105/25*. Il someggio era previsto su sette carichi.

Un altro obice, lo *Skoda 100/17* fu utilizzato sia nella Prima guerra mondiale sia nella Seconda, dove venne impiegato contro i carri armati russi *T-34* con munizioni perforanti. Alla fine del conflitto armò alcuni reparti della Repubblica Sociale. Dopo il 1945 le ruote originali furono sostituite con pneumatici e l'artiglieria da montagna ne fece largo uso (fu poi rimpiazzato dall'obice *Oto Melara 105/14*). Era scomponibile in tre carichi per il traino animale o su carrelli.

L'obice *Ansaldo 75/18*, entrato in scena a partire dal 1929, quando il parco delle artiglierie dell'esercito fu ammodernato, doveva sostituire i precedenti pezzi da 75 mm. Il calibro venne mantenuto perché dal 1918 esistevano grandi quantità di riserve di munizioni. L'arma fu installata su alcuni semoventi (M40, M41 e M42) e fu utilizzata contro i carri armati nella Seconda guerra

IL CANNONE DELL'ADAMELLO

Il cannone 149G *piazzato sulla Cresta Croce, a quota 3.276 m sul monte Adamello, allo scopo di mettere sotto tiro le postazioni nemiche. Pesava complessivamente sei tonnellate e, per trasportarlo, fu smontato in tutti i suoi componenti.*

ARTIGLIERIA ALPINA IN QUOTA

Il Gruppo Mondovì del 4° Reggimento di Artiglieria Alpina Cuneense nel 1938, in una cartolina stampata a Fossano.

mondiale. Era scomponibile in sette parti per il someggio. Il cannone *47/32*, detto "elefantino", entrò in servizio negli anni Trenta del secolo scorso come arma anticarro standard e fu distribuito a tutte le divisioni degli Alpini (Julia, Cuneense e Tridentina soprattutto).

Durante la Seconda guerra mondiale sostituì il pezzo da 57 mm lungo il Vallo Alpino Occidentale e venne anche montato su semoventi utilizzati nell'Unione Sovietica. **Durante la Repubblica Sociale fu a disposizione della Divisione Monterosa.** Era scomponibile in quattro elementi e someggiabile; nel dopoguerra non fu più utilizzato.

UNA CURIOSITÀ

In artiglieria l'obice è un'arma da fuoco che viene impiegata prevalentemente per il tiro diretto sui bersagli. In origine era utilizzato durante gli assedi.

APPROFONDIMENTO

ARTIGLIERIA SOMEGGIATA. *Per trasportare a soma un obice con tutti gli accessori di puntamento e con sei colpi completi venivano impiegati 12 muli. Laddove la viabilità lo consentiva, un obice da 105/14, che pesava 1.400 kg con i proiettili da 16,1 kg, poteva essere trainato da una coppia di muli, uno di stanga e uno di testa, mediante l'uso dell'arco e delle stanghe di timonella di cui era dotato il pezzo. Nel caso di trasporto sul dorso, il pezzo veniva smontato in vari carichi di peso variabile, fino a un massimo di 127 kg e caricato su muli di 1ª e 2ª classe.*

ALPINI COME MULI

Artiglieri che sostituiscono i muli per portare in quota le parti di un pezzo da montagna (da una cartolina commemorativa).

BATTERIA CESARE BATTISTI

Sulla sommità del Doss Trento, la piccola collina che sorge sulla riva destra del fiume Adige, sono stati collocati quattro cannoni da 105/28 che facevano parte della "Batteria della vendetta e della vittoria", consacrata a Cesare Battisti nel 1919; sono accanto al mausoleo dedicato al martire trentino.

L'obice da *88/27* venne utilizzato dalle truppe italiane in Africa. Esse si servirono dei pezzi abbandonati a Tobruk dagli Inglesi. Il pezzo entrò poi a far parte delle artiglierie del Corpo Italiano di Liberazione che comprendeva il 3° Reggimento Alpini. Finita la guerra, fu impiegato nei gruppi di artiglieria divisionali del nuovo esercito ricostituito.

L'obice *Oto Melara 105/14*, progettato nel primo dopoguerra e poi migliorato, fu adottato dalle brigate alpine nel secondo dopoguerra. La caratteristica principale era quella di essere scomponibile in 12 carichi someggiabili (non più di 132 kg per ciascun animale), trainabile oppure aviotrasportabile; venne poi sostituito dall'*FH70*.

CANNONE DA 105 MM

Un pezzo d'artiglieria efficace anche contro carri fortemente corazzati; utilizzava proiettili poco pesanti, costruiti in leghe leggere. Era in forza all'esercito italiano negli anni '80 del secolo scorso.

APPROFONDIMENTO

MULI, CANNONI E TELEFERICHE. *Durante la Grande Guerra, per lo spostamento di materiali ma anche di uomini e animali, da grandi altezze verso il fondovalle – e viceversa – senza dover percorrere i lunghi e faticosi sentieri, si utilizzarono in gran numero le teleferiche. Un contributo fondamentale per la costruzione di questi congegni arrivò dai muli, sui cui basti venivano caricati tralicci, parti di gabbie di ferro, motori e meccanismi, rulli delle funi traenti e le funi stesse, tutti portati in alto da pariglie di questi animali. La costruzione delle teleferiche era affidata all'Arma del Genio, mentre il trasporto a fondovalle era effettuato da colonne di autocarri che vi trasferivano tutto il materiale necessario.*

Il cannone *57/50* controcarro trainabile fu importato dall'estero negli anni Cinquanta del secolo scorso e venne adottato sia dalla Fanteria sia dagli Alpini (divisioni Julia e Tridentina).

L'obice *FH70*, da 155 mm, costruito sempre dall'Oto Melara, è stato invece utilizzato dagli anni Settanta del secolo scorso dalle truppe alpine e da altri reparti dell'esercito. Non scomponibile per il trasporto, ma solo trainabile da parte di mezzi meccanici in quanto piuttosto pesante, ha sostituito il *105/14*.

Dal 1950 al 1992 l'esercito e le truppe da montagna hanno avuto a disposizione l'obice da *155/23*, di produzione statunitense. L'arma era trainata da un trattore, che portava anche la squadra di servizio e parte del munizionamento.

Da ultimo, viene il mortaio pesante (120 mm di calibro) *MO-120 RT-61*, trainabile o aviotrasportabile anche attaccato al gancio baricentrico degli elicotteri, e non scomponibile. I mortai sono considerati in genere armi di squadra, ma questo è un vero e proprio pezzo di artiglieria. È dotazione di tutti i reggimenti Alpini.

In seguito sono stati adottati anche un pezzo da 107 mm della Brandt e il mortaio alleggerito *Hotchkiss-Brandt* da 120 mm *Mod. 63* (del peso di 260 kg, scomponibile someggiato su tre muli, oltre a due per accessori e munizioni) con gittata superiore a sei chilometri.

OBICE 100/17

L'obice Škoda 10 cm Vz. 1914 *utilizzato dall'esercito austroungarico passò all'esercito italiano dopo la Grande Guerra come bottino bellico e, con la denominazione di* Obice da 100/17 Mod. 1914, *venne assegnato anche all'artiglieria da montagna.*

● MORTAIO BRIXIA 1935

Venne impiegato nella guerra d'Etiopia, nella guerra di Spagna e nella Seconda guerra mondiale. Nel dopoguerra rimase in servizio con l'esercito italiano fino agli anni Cinquanta del secolo scorso.

● UN FATTO

Le unità ben addestrate potevano raggiungere con il mortaio Brixia *cadenze di fuoco di saturazione fino a 18 colpi al minuto; i 25-30 previsti erano solo teorici.*

MORTAI, MITRAGLIATRICI, LANCIARAZZI E LANCIAMISSILI

Sono ritenute armi di squadra quelle a tiro curvo, o mortai (esclusi quelli da 120 mm), le mitragliatrici, i lanciarazzi e i lanciamissili.

I mortai, per la loro semplicità d'uso, per il fatto di poter aprire il fuoco da posizioni coperte e di essere in grado di colpire obiettivi defilati rispetto al tiro dell'artiglieria, hanno avuto una lunga storia negli eserciti di tutti i Paesi. In Italia il primo esempio di mortaio fu un lanciatorpedini progettato dal capitano del Genio Alberto Bettica e fornito ad alcuni battaglioni di Alpini nel 1917. Il *Bettica* aveva una gittata massima di 200 metri.

Nel 1918 venne introdotto il lanciabombe inglese *Stokes* ad avancarica, che poggiava su un cavalletto di sostegno bipede anteriore e su una piastra metallica posteriore. **Era in grado di lanciare bombe da cinque chili con una gittata di 550-750 metri. L'arma pesava circa 50 chili, era scomponibile e spalleggiabile.**

Nel 1935 apparve il mortaio d'assalto *Brixia*, calibro 45 mm, con raggio d'azione di 500 metri, a retrocarica e con grande celerità di tiro. Pesava poco più di 15 chili ed era trasportabile a mezzo di cinghie. Fu impiegato in Africa orientale dalla Divisione Pusteria degli Alpini: ogni battaglione ebbe a disposizione un plotone di tre squadre con tre mortai ciascuna. Durante la Seconda guerra mondiale ogni plotone di mitraglieri di ciascun battaglione ebbe una squadra con tre mortai. Il *Brixia* sparava bombe da circa mezzo chilo.

Presto fu disponibile il mortaio da 81 mm *Mod. 35* che pesava complessivamente circa 60 kg ed era in grado di lanciare due tipi di granate, che utilizzavano una spoletta per regolare l'esplosione (istantanea all'urto o ritardata) e il cui raggio d'azione era entro i cinque chilometri. La compagnia comando di ogni battaglione alpino durante la Seconda guerra mondiale disponeva di un plotone mortai con quattro armi di questo tipo. Il plotone, inoltre, faceva uso di cinque autocarrette *36M* o *37* (costruite dall'Oto Melara) per il trasporto materiale e munizioni, primo caso di assegnazione organica di automezzi a un reparto alpino. Gli Alpini dell'esercito del Sud impiegarono mortai inglesi dello stesso calibro e quelli della Divisione Monterosa della RSI utilizzarono un mortaio tedesco da 80 mm.

Nel dopoguerra il mortaio da 45 mm fu sostituito con un mortaio americano (*M2*) da 60 mm; il mortaio da *81 mm Mod. 35*, invece, fu sostituito dal *Brandt 81 mm 1962*.

Attualmente le truppe alpine hanno in dotazione il mortaio *Hirtenberger* da 60 mm, con gittata di 1.600 metri.

Quanto alle mitragliatrici, le prime a entrare in servizio nell'esercito italiano furono la *Gatling* americana e la *Gardner* inglese, armi semiautomatiche imperfette alimentate a caduta e azionate manualmente a mezzo di una manovella.

La svolta si ebbe nel 1883, con la comparsa della prima vera mitragliatrice automatica, la *Maxim*, che fu assegnata alla fanteria. Gli Alpini dovettero attendere la guerra italo-turca del 1911 per avere in organico sezioni di mitragliatrici *Maxim Mod. 1906*. La ditta costruttrice, l'inglese Vickers, modificò il calibro per l'Italia in 6,5 mm con il modello *Maxim-Vickers* del 1911, distribuito a partire dal 1913.

Nel luglio del 1914 l'esercito ne aveva in dotazione molte centinaia: era una mitragliatrice raffreddata ad acqua, pesava 33 kg ed era

MAXIM-VICKERS MOD. 1911

Una rara fotografia di Alpini con la Maxim-Vickers Mod. 1911 *(Museo Storico Italiano della Guerra di Rovereto).*

HINTERBERGER DA 60 MM

Nel 2001, l'esercito italiano avviò il programma annuale A/R n. 006/2001, relativo all'acquisizione di 350 mortai leggeri calibro 60 mm e approvato dal Parlamento il 9 ottobre del 2001.

UN GRANDE AIUTO: IL MULO

PER OLTRE CENT'ANNI IL FEDELE COMPAGNO DELL'ALPINO

NEL FAMOSO, E RELATIVAMENTE RECENTE, MONUMENTO DEDICATO AGLI ANIMALI IN GUERRA (*ANIMALS IN WAR MEMORIAL*) A LONDRA, VICINO A HYDE PARK, DUE MULI NE COSTITUISCONO IL SOGGETTO PRINCIPALE E SONO RAPPRESENTATI COME ANIMALI DI FATICA CHE TRASPORTANO PARTI DI CANNONI, PROPRIO COME FACEVANO I FEDELI COMPAGNI DEGLI ALPINI.

Il mulo era già conosciuto dagli Egizi fin dal III millennio a.C. e per i Sumeri un mulo valeva sette volte il prezzo di un asino. Citato da Omero e presente in Grecia, ebbe largo uso nell'esercito romano che ne disponeva due per ogni *contubernium* (il nucleo base di otto uomini che alloggiavano nella stessa tenda) da cui si deduce che una legione risultava avere circa 1.400 muli. Largamente usato durante la Guerra civile americana, ebbe il suo massimo impiego nelle due guerre mondiali, sia sul fronte europeo sia in Asia. Questo animale può percorrere più o meno 5 km all'ora, trasportare circa il 30% del suo peso e mangiare il 75% della razione alimentare di un cavallo. La gran resistenza alla fatica gli consente di marciare per 10-12 ore di seguito, riuscendo a percorrere dai 40 ai 60 km al giorno; il suo peso varia tra i 350 e i 450 kg e la capacità di trasporto è tra i 100 e i 135 kg, incluso il peso del basto, anche se i manuali consigliavano di non eccedere i 70 kg.

● MULI E ALPINI IN MARCIA

Muli che trasportano munizioni e armi in movimento su un terreno di fondovalle. Fanno parte di una squadra salmerie di un reparto alpino.

● IL MULO NELL'ARTE

L'Alpino con accanto il suo fedele mulo rappresentato nel Monumento alla memoria degli Alpini a Stresa, sul Lago Maggiore.

● LO SCONCIO

Con questo termine, fra gli Alpini, si usava indicare il conducente dei muli. "Lo sconcio e il mulo" è il titolo di questa illustrazione che mostra soldato e animale impegnati in una salita su un terreno accidentato di montagna.

ARRUOLAMENTO FRA GLI ALPINI

Gli Alpini furono accompagnati da questo fedele alleato fin dalle origini del Corpo. A ogni compagnia venivano assegnati un mulo e una carretta per trasportare vettovagliamenti e munizioni. Durante la Grande Guerra, il mulo rappresentava l'unico mezzo di trasporto sugli erti sentieri di montagna e non è un caso se tali percorsi vengono tuttora chiamati "mulattiere". Durante la Seconda guerra mondiale ne risultavano presenti, a fianco degli Alpini, circa 520.000 unità. Secondo le caratteristiche fisiche, ovvero altezza al garrese, forza fisica e resistenza, i muli erano divisi in tre classi: nella prima vi erano i muli per l'artiglieria da montagna (carichi da tiro e centrali), nella seconda quelli sempre per l'artiglieria da montagna ma adatti a carichi laterali e, infine, la terza classe comprendeva i muli da utilizzare per il trasporto di salmerie.

PENSIONAMENTO

Nel 1991, a causa delle spese di mantenimento troppo alte, venne stabilito che i muli non erano più necessari. Dopo circa 120 anni di onorato servizio nelle truppe alpine, il mulo fu sostituito con il più moderno, ma non altrettanto duttile, "mulo meccanico". Gli animali vennero messi all'asta e diversi furono comprati da Alpini. L'ultimo mulo, Iroso, classe 1979, ha fatto la sua apparizione per i festeggiamenti dei suoi 40 anni, che si sono svolti ad Anzano il 13 gennaio del 2019.

MITRAGLIATRICE FIAT 1915 (VILLAR PEROSA)

Aprile 1916: il primo lotto di 250 unità si ripartì nelle 60 sezioni dei battaglioni Alpini della I Armata e le 65 della III Armata.

scomponibile in due parti (mitragliera e treppiede) someggiabili o spallabili. La celerità di tiro era di 500 colpi al minuto, l'alimentazione avveniva mediante nastri di tela da 200 cartucce.

La *FIAT Mod. 1914*, miglioramento della precedente su progetto del colonnello Abiel Bethel Revelli, era un'arma a corto rinculo di canna, con celerità di tiro anch'essa di 500 colpi al minuto e con lo stesso calibro. Il raffreddamento era sempre ad acqua con un serbatoio ausiliario e l'alimentazione avveniva con caricatori da 50 cartucce e poteva essere usata con tiro ordinario, rapido o intermittente. Pesava 17 kg e con il treppiede raggiungeva i 38,5 chilogra. Someggiabile e spallabile, era balisticamente una buona arma ma eccessivamente complessa e tendente all'inceppamento.

Poiché la *FIAT* non riusciva a soddisfare le richieste, fu necessario ricorrere alla produzione straniera, acquistando in Francia la mitragliatrice *Saint-Étienne Mod. 1907*. Quest'arma a sottrazione di gas, con canna raffreddata per dispersione a mezzo di un radiatore in bronzo, aveva un calibro di 8 mm ed era alimentata da caricatori da 25 cartucce o nastri di 150/200 colpi. Costruita con soluzioni meccaniche d'avanguardia, ma molto complicate e che la rendevano impopolare per l'estrema delicatezza di funzionamento, pesava più di 50 kg ed era scomponibile in tre parti. Cessò d'essere importata nel 1918.

La pistola-mitragliatrice *FIAT Mod. 1915* (Villar-Perosa) fu invece progettata dal colonnello Revelli e costruita dalla RIV. Era costituita da due armi abbinate ad otturatore rinculante calibro 9 mm munite di caricatori verticali da 25 colpi. L'estrema maneggevolezza dovuta alle limitate dimensioni e al basso peso (6,5 kg), unita all'elevata cadenza di tiro, la rendeva molto utile in circostanze

UN FATTO

Durante la Grande Guerra negli assalti si impiegava sempre la baionetta; oggi l'uso delle armi automatiche moderne ha reso inutile il suo utilizzo.

di offesa/difesa a distanza ravvicinata. Nel 1917 ogni compagnia di Alpini aveva una sezione di queste mitragliatrici e nello stesso anno alcuni battaglioni si videro assegnare una compagnia di mitraglieri con un totale di sei pezzi.

Nelle ultimissime fasi della guerra fu impiegata una nuova mitragliatrice leggera costruita a Villar Perosa, la *SIA Mod. 1918*. Quest'arma, rimasta in dotazione fino al 1930, aveva calibro 6,5 mm, canna fissa e otturatore rinculante. L'alimentazione avveniva a mezzo di un serbatoio verticale da 50 cartucce e la celerità di tiro era di 600 colpi al minuto; il peso dell'arma era molto contenuto.

Negli anni Trenta del secolo scorso gli Alpini risultavano equipaggiati con mitragliatrici pesanti e leggere, cui si accompagnò il fucile-mitragliatore *Breda Mod. 1930*. Quest'arma si presentava come un grosso fucile con calcio in legno e impugnatura a pistola. Munito di bipiede ripiegabile, il fucile-mitragliatore pesava meno di 11 kg, il calibro era 6,5 mm e l'alimentazione avveniva a mezzo di lastrine di ottone contenenti 20 cartucce. Dotato di buone qualità balistiche e di maneggevolezza, era meccanicamente molto complesso e richiedeva un'accurata manutenzione.

Dopo aver testato vari prototipi di altre armi, nel 1937 la Breda produsse una mitragliatrice eccellente da 8 mm che fu adottata dallo Stato Maggiore e venne distribuita agli Alpini a partire dal 1940.

SAINT-ÉTIENNE MOD. 1907

In basso a sinistra. Funzionamento e manutenzione di quest'arma sono ben descritti nel Giornale di guerra e di prigionia *scritto da Carlo Emilio Gadda, ufficiale degli Alpini, che era stato assegnato ad un battaglione equipaggiato con le* Saint-Étienne.

CARICATORE BREDA MOD. 30

La lastrina da 20 colpi utilizzata per riempire il caricatore; l'alimentazione era il punto debole di questa arma. Il caricamento veniva effettuato dall'assistente del tiratore o dal tiratore stesso.

PISTOLA BODEO MOD. 1889

Questa pistola a rotazione calibro 10,35 mm, che fu chiamata con il nome del suo progettista, il bresciano Carlo Bodeo, fu la prima rivoltella a essere adottata dal Corpo degli Alpini. Questo esemplare, prodotto nel 1918, è oggi esposto presso il National World War I Museum di Kansas City (Stati Uniti).

A sottrazione di gas, la lunga canna era raffreddata per dispersione. L'alimentazione avveniva con lastrine di 20 cartucce, la celerità di tiro era di 400 colpi al minuto e la gittata di 5.800 metri; pesava completa di treppiede 38 kg.

Nel secondo dopoguerra è stata prodotta in Belgio e adottata da tutti i Paesi della NATO la *FN Minimi* (da *Minimitrailleuse*). Il calibro è 5,56 o 7,62 mm . L'esercito statunitense l'ha chiamata *M249*.

L'elenco non potrebbe essere completo se non si facesse riferimento ai razzi controcarri *Panzerfaust 3*, ai missili guidati via cavo *Milan* e *Tow* e ai missili terra-aria *Stinger*. Tra gli Alpini i primi tre sono entrati per un certo periodo nell'equipaggiamento dell'artiglieria da montagna. Quanto agli *Stinger*, se ne è fatto ampio uso in Afghanistan.

UN FATTO

Il Fucile 91 *che sparò il primo colpo italiano nella Prima guerra mondiale è conservato presso il Museo storico della Guardia di Finanza di Roma.*

ARMI INDIVIDUALI

L'armamento individuale degli Alpini non ha avuto una storia diversa da quella degli armamenti delle altre formazioni dell'esercito. Gli Alpini affrontarono la Grande Guerra muniti di fucili *Carcano Mod. 91*, calibro 6,5 mm, sostituiti, in alcuni casi, dopo il 1938, da un modello con calibro 7,35 mm. Il *Carcano* aveva preso il posto dei vecchi *Vetterli*, distribuiti dal 1870, ed era un'arma più antiquata rispetto a quelle in dotazione alle forze armate di altri Paesi, ma altamente affidabile e con essa le truppe italiane passarono attraverso tutti i conflitti fino alla Seconda guerra mondiale. Le truppe alpine sul fronte russo furono equipaggiate con un *Carcano* leggermente modificato di calibro 6,5 mm. Nel 1944 i reparti di Alpini inquadrati nell'esercito del Regno del Sud utilizzarono armi, e quindi fucili, di provenienza anglo-americana, mentre le truppe da montagna della Repubblica Sociale ebbero a disposizione materiali tedeschi. Il *Carcano* rimase in servizio fino al 1959, quando fu sostituito dal fucile *Beretta BM59* (noto come *FAL*, Fucile Automatico Leggero), di cui è esistita una versione *TA* (Truppe Alpine) con calibro 7,62 mm. Nel 1990 è entrato in servizio il più perfezionato *Beretta AR 70/90*.

Non è questa la sede per trattare dei mitra (apparsi durante la Seconda guerra mondiale) e delle bombe a mano. Gli Alpini hanno infatti usufruito sempre, dal punto di vista di queste armi, delle stesse dotazioni degli altri corpi dell'esercito.

Quanto alle pistole, fino alla Prima guerra mondiale gli Alpini utilizzarono la *Bodeo Mod. 1889*, calibro 10,35 mm a tamburo, che era stata adottata negli ultimi anni dell'Ottocento. Durante la guerra la più comune pistola d'ordinanza dell'esercito italiano fu la *Glisenti M1910* calibro 9 mm, chiamata "la *Luger* dei poveri". Anche la *Glisenti* trovò collocazione tra le truppe da montagna. Mentre erano in corso i combattimenti, si diffusero le pistole semiautomatiche *Beretta M15*, calibro 9 mm, e *M17*, calibro 7,65 millimetri. Soprattutto la seconda trovò applicazione su larga scala. Fino al 1945 non ci furono grandi cambiamenti. Innovativa è stata invece la *Beretta M9*, calibro 9 millimetri.

BERETTA AR 70/90

Alpini in parata durante le celebrazioni della Festa della Repubblica il 2 giugno del 2006: a tracolla il fucile d'assalto in dotazione dal 1990.

IL FUCILE '91

Fucili Carcano Mod. 91 *(calibro 6,5) di diversi luoghi e anni di produzione: Arsenale di Terni 1918, Arsenale di Terni 1917, Arsenale di Terni 1934, Arsenale di Roma 1918, Arsenale di Brescia 1895, Arsenale di Terni 1917, Arsenale di Torino 1897 e Arsenale di Terni 1918.*

SCUOLA ALPINA DI AOSTA

IL CENTRO DI ADDESTRAMENTO DEGLI ALPINI

● **ANNIVERSARI**

Nel 1984 ricorreva il cinquantesimo anniversario della fondazione della Scuola Militare Alpina di Aosta; qui una cartolina commemorativa emessa per l'occasione.

«È IMPENSABILE, DOPO L'INSEGNAMENTO CHE CI È VENUTO DALLA GUERRA, CHE GLI ALPINI POSSANO ESIMERSI DALL'OBBLIGO DI ESSERE ANCHE ALPINISTI.» CON QUESTA RIFLESSIONE, NEL 1924, L'AVVOCATO UMBERTO BALESTRIERI, ALLORA MAGGIORE DI COMPLEMENTO, LANCIÒ L'IDEA DI ISTITUIRE UNA SCUOLA DI ALPINISMO MILITARE.

Il Centro Addestramento Alpino è un centro dell'esercito italiano che ha lo scopo di formare allo sci, all'alpinismo, alla conoscenza della neve e delle valanghe e al soccorso organizzato in montagna il personale in servizio permanente delle truppe alpine, delle forze speciali e di alcuni eserciti amici e alleati. La sede principale si trova nella caserma Cesare Battisti di Aosta, mentre i due centri distaccati sono collocati nella caserma Monte Bianco di La Thuile (sezione sci-alpinismo) e nella caserma Luigi Perenni di Courmayeur (sezione sci-ghiaccio). Una prima analisi sull'esigenza di creare una scuola di alpinismo militare fu del maggiore di complemento degli alpini, Umberto Balestrieri, che la espose in una relazione del 1924. Nel 1933 il capitano Giorgio Fino propose un progetto per una scuola di alpinismo al fine di «creare reparti specializzati per imprese di eccezionale difficoltà». Nel mese di dicembre di quell'anno iniziarono i primi corsi e, il 9 gennaio del 1934, venne ufficialmente creata la Scuola Centrale Militare di Alpinismo ad Aosta, per la preparazione di ufficiali e sottufficiali delle truppe alpine e per studiare il loro armamento ed equipaggiamento.

● **IL COMANDO DELLA SCUOLA ALPINA**

Il castello Jocteau, anche noto come castello Duca degli Abruzzi o castello Generale Cantore, sede anche di un piccolo museo, ha ospitato, in passato, Benito Mussolini, l'imperatore del Giappone Hirohito e papa Giovanni Paolo II.

● **UNA DATA**

1939. ***Juan Domingo Perón, futuro presidente dell'Argentina, con altri ufficiali effettuò un periodo di addestramento in Italia. Nel ruolo di osservatore militare frequentò la Scuola Centrale Militare di Alpinismo di Aosta, dove prese lezioni di sci e di arrampicata dai maestri Gigi Panei e Bruno Caneva.***

LE SEDE PRESTIGIOSA

La sede venne fissata nel castello Jocteau, situato sulla collina di Beauregard che domina la città di Aosta; costruito nel 1907, fu acquistato per l'occasione dallo Stato italiano e restò per lungo tempo sede della prestigiosa Scuola Militare Alpina, poi diventata Centro Addestramento Alpino. Il generale di Corpo d'Armata e alpinista Giuseppe Inaudi, allora responsabile della scuola, fece costruire nel parco una palestra di roccia, una delle prime palestre di arrampicata realizzate in Europa, che rese la Scuola all'avanguardia nel campo della preparazione delle truppe. Nel 1936, venne creato il Battaglione Duca degli Abruzzi, abile negli scontri ad alta quota, una specie di élite dell'arma degli Alpini. Finita la guerra, il 1° luglio del 1948, la scuola ricominciò la sua attività con il nuovo nome di Scuola Militare Alpina (SMAlp), aprendo le porte anche ai militi di altre forze armate e di eserciti stranieri.

● **CASERMA MONTE BIANCO**

La caserma Monte Bianco di La Thuile, sede della sezione di sci-alpinismo della Scuola Militare Alpina. Alcuni istruttori parteciparono alla spedizione italiana sull'Everest nel 1973.

MARCIA

Un percorso di 2 km da effettuarsi in 9 minuti e un altro di 7 km in 45 minuti indossando mimetica e scarponi fanno parte delle prove di selezione per essere ammessi negli Alpini Paracadutisti.

CA.STA 2010

Gli Alpini Paracadutisti vincono la gara dei plotoni e il Trofeo Medaglie d'Oro dei campionati Ca.STA 2010.

ADDESTRAMENTO ED ESERCITAZIONI

Presso il Centro di Addestramento Alpino-Scuola Militare di Aosta per la formazione, da cui passano volontari, sottufficiali e ufficiali che presteranno servizio nei reparti alpini dell'esercito, importanti per lo sviluppo delle capacità tecnico-tattiche sono sia addestramento sia esercitazioni. L'addestramento dell'Alpino, infatti, vede nell'esercitazione, prima che in una situazione bellica, il suo momento culminante, perché è in quest'occasione che tutte le nozioni apprese e le prove ripetute trovano sul campo un momento di verifica. Sebbene manchi la drammaticità della situazione, essendo una simulazione, tutte le altre condizioni sono uguali a quelle che si possono trovare in uno scontro con il nemico; e non manca certo il pericolo, perché l'ambiente in cui si opera è sempre, per quanto splendido, infido.

Muniti di armamento e dotati di moderni e adeguati equipaggiamenti, per un peso complessivo tra i 15 e i 25 kg, gli Alpini affrontano in sicurezza ogni spostamento su una parete che può avere fino al 5° superiore di difficoltà. Molte di queste esercitazioni sono seguite ogni anno, oltre che dalle autorità locali e dai vertici militari non solo italiani, anche da centinaia di turisti che, armati di binocolo, seguono le evoluzioni degli Alpini in scenari fra i più belli di quelli montani.

UNA CURIOSITÀ

La "truna" fa parte dell'addestramento degli Alpini ad alta quota: è il ricovero spartano ricavato nella neve fresca dove si trascorrerà la notte.

APPROFONDIMENTO

CAMPIONATI SCIISTICI DELLE TRUPPE ALPINE. *Comprendono gare sciistiche di slalom, di discesa libera e di sci di fondo, ma sono anche previsti altri tipi di competizioni per evidenziare la preparazione militare dei partecipanti; una di queste è la gara dei plotoni, che ha una durata di tre giorni e prevede prove di tiro, di lancio di precisione di una bomba a mano e di verifica delle conoscenze topografiche. Un'altra gara è quella della marcia di regolarità in salita, nella quale si deve superare un dislivello da 700 metri a 900 metri circa, per una lunghezza complessiva di 10 chilometri.*

L'esercitazione denominata Falzarego 2013 ha visto la partecipazione di militari di Forze Armate straniere quali quelle di Francia, Spagna, Slovenia e Libano e vi hanno assistito, come osservatori, Stati Uniti, Austria, Germania, Kazakistan, Russia e Svizzera. In una delle fasi dell'esercitazione sono stati simulati un'imboscata a un'unità impegnata in un pattugliamento appiedato, il ferimento di un componente del team, l'evacuazione del ferito a mezzo di un aeromobile e l'intervento delle Forze per le Operazioni Speciali, supportate dall'elicottero *A-129*, per la neutralizzazione della minaccia.

Importanti sono anche le competizioni sportive, come i Campionati Sciistici delle Truppe Alpine (Ca.STA.), che vedono in gara non solo soldati italiani ma anche quelli dei Paesi alleati, e le Alpiniadi, organizzate dall'ANA in due edizioni, estiva nel cuneese e invernale nelle Alpi bellunesi.

UN FATTO

Dal 1975 il Centro Addestramento Alpino ha l'incarico di formare una compagnia speciale di atleti, distaccata a Courmayeur, che rappresenta l'esercito italiano nelle gare degli sport invernali.

FALZAREGO 2011

Alpini delle delle Brigate Alpine Julia e Taurinense, del Centro Addestramento Alpino e del 4° Reggimento Alpini Paracadutisti impegnati nell'esercitazione alpinistica Falzarego 2011.

6 APPENDICI

L'ANA, LE ADUNATE E LE PERSONALITÀ

6 APPENDICI
L'ANA, LE ADUNATE E LE PERSONALITÀ

IN QUEST'ULTIMA PARTE, UN BREVE EXCURSUS SULL'ANA, L'ASSOCIAZIONE DEGLI ALPINI, SULLE ADUNATE E, ANCORA, SULLE MOLTE PERSONALITÀ CHE HANNO FATTO PARTE DEL CORPO, SENZA DIMENTICARE LE ONORIFICENZE.

L'ANA

Come cita l'articolo 1 del suo statuto, l'Associazione Nazionale Alpini (ANA), nata a Milano nel 1919, è composta da Alpini, artiglieri da montagna, genieri, trasmettitori, paracadutisti e militari dei servizi in organico alle truppe alpine.

L'idea di costituire un'associazione è da attribuirsi a un gruppo di Alpini reduci della Prima guerra mondiale. Tornati a casa e alle loro famiglie dopo la fine del conflitto, costoro avevano finito per sentire la necessità di rivedersi e di condividere il ricordo di quelle tragiche esperienze, spinti anche dal forte cameratismo che li aveva sostenuti durante i terribili anni trascorsi insieme. In un'Italia al collasso, distrutta economicamente e politicamente, sembrava infatti impossibile dimenticare dolori e sacrifici per iniziare una nuova vita civile: invece del calore umano, i reduci avevano più spesso trovato l'ostilità di una parte dei civili e anche di alcune forze politiche.

Molti di loro, soprattutto gli ufficiali, iniziarono a incontrarsi presso la birreria Spatenbräu di Milano, che apparteneva proprio a un Alpino, Angelo Colombo. Tra gli avventori c'erano anche molti soci del CAI (Club Alpino Italiano) che avevano militato nel Corpo: tra questi, anche Felice Pizzagalli, che a un certo punto propose di formare, tra i soci della sezione di Milano, un gruppo di reduci che avevano combattuto tra le file degli Alpini. L'obiettivo era quello di mantenere acceso anche in tempo di pace quella solidarietà sviluppatasi così fortemente tra gli orrori della guerra. Il 12 giugno del 1919 ci fu una prima riunione per provare a mettere in atto l'idea, durante la quale venne presa, tra le altre, una decisione fondamentale, cioè quella di dare la possibilità di iscriversi all'associazione non solo ai reduci, ma anche a tutti coloro che da lì in avanti sarebbero stati chiamati al servizio di leva

UN FATTO

Con gli anni sono nate sezioni dell'ANA in Canada, Stati Uniti, Australia, Colombia, Cile, Brasile, Argentina e in diversi altri Paesi.

nel Corpo degli Alpini. L'8 luglio, durante un'assemblea costitutiva, venne discusso e approvato lo statuto: nasceva così l'Associazione Nazionale Alpini. L'inizio fu duro, ma il forte entusiasmo dei soci divenne trascinante e sotto la guida dei primi presidenti, il maggiore Daniele Crespi (due medaglie d'argento al valor militare e una di bronzo), il maggiore Carlo Carini (medaglia d'argento al valor militare) e il capitano Arturo Andreoletti (decorato con diverse medaglie e croci di guerra), primo presidente eletto dall'assemblea dei delegati, la neonata associazione si impose in modo perentorio.

TRA LE DUE GUERRE E IN TEMPO DI PACE

Tra il 5 e il 7 settembre del 1920 ebbe luogo la prima Adunata nazionale sul monte Ortigara. Alcune centinaia di soci, cui si unirono altre 1.500 persone (tra reduci e cittadini comuni) giunte spontaneamente da varie parti del Trentino e del Veneto, parteciparono alla messa celebrata da un commosso reverendo Giulio Bevilacqua. Da lì in avanti, le adunate nazionali si avvicendarono di anno in anno, ogni volta con maggiore affluenza di Alpini e consenso di folla, e anche le

LA PRIMA ADUNATA

Il primo convegno dell'ANA (così era chiamato all'epoca) si tenne nel settembre del 1920 sul monte Ortigara, in omaggio ai caduti della sanguinosa battaglia del giugno del 1917.

● **FEDELI COMPAGNI**

In basso al centro. Il mulo, amico fedele dell'Alpino per quasi tutto l'arco della sua storia, non poteva non essere presente nelle sfilate che si tengono durante ogni adunata dell'ANA.

● **MUSICA, CANTI E SUONI**

Ogni adunata è sempre accompagnata dalla musica; il decalogo dell'ANA sul comportamento da tenere in queste occasioni stabilisce che canti e suoni, soprattutto se fuori dalle sfilate ufficiali, debbano sempre essere attuati nel rispetto del prossimo.

sezioni continuarono ad aumentare. La struttura dell'associazione divenne sempre più completa e anche le iniziative sociali aumentarono notevolmente.

Durante il fascismo ci furono molti cambiamenti: abolito il vecchio statuto del 1919, ne entrò in vigore uno nuovo, secondo le disposizioni del Ministero della Guerra. Fu soppresso il consiglio direttivo, il presidente divenne comandante, nominato dal governo, le sezioni si trasformarono in battaglioni, i gruppi divennero compagnie e l'ANA venne rinominata 10° Reggimento Alpini.

Cessato il conflitto, l'ANA poté gradualmente rinascere: il 20 ottobre del 1946 si tenne a Milano la prima assemblea nazionale dei delegati del dopoguerra durante la quale fu discusso il nuovo statuto, redatto sulla base delle linee dettate dal Ministero della Guerra nel dicembre del 1945 a proposito delle finalità delle associazioni d'arma. Si ritornò così all'ordinamento originario. **Nel 1948 fu organizzata a Bassano del Grappa la prima Adunata nazionale del dopoguerra e venne inaugurato lo storico ponte degli Alpini, ricostruito.** Il 14 maggio del 1961, a Torino, durante la 34ª Adunata nazionale, che celebrava il primo centenario dell'Unità d'Italia, sfilarono 127.000 Alpini e nel 1975, l'Associazione contava 245.437 soci, più del 60% dei quali

non aveva mai combattuto. Oggi l'organico dell'associazione ammonta a circa 350.000 soci (dicembre 2017), tra ordinari e aggregati, con 80 sezioni in Italia, altre 30 in diverse nazioni del mondo, più 8 gruppi autonomi.

Nel 2018 l'ANA, con l'Associazione Fanti d'Italia e l'Associazione Nazionale Bersaglieri, ha presentato una proposta per il ripristino del servizio obbligatorio di leva. Questa proposta, che mira a riagganciare le forze armate a una tradizione rispetto alla quale l'esercito professionale volontario resta abbastanza estraneo, finora non è stata mai discussa approfonditamente.

APPROFONDIMENTO

PADRE GIULIO BEVILACQUA. *Fu il prete che celebrò messa durante il primo raduno degli Alpini sul monte Ortigara, dove il religioso aveva combattuto ed era stato preso prigioniero dagli austriaci. Nato nel 1881, Giulio Bevilacqua si era laureato in Scienze sociali ed era stato ordinato sacerdote nel 1908; ufficiale degli Alpini, riuscì a tenere alto il morale dei soldati sottoposti per dodici ore a un pesante bombardamento sull'Ortigara, meritando due medaglie al valore. Continuò il suo apostolato a Brescia e fu nominato cardinale dal suo amico Giovanni Montini quando questi divenne papa.*

I "TRABICCOLI"

I mezzi che partecipano alle adunate devono essere sempre in regola con le norme del codice della strada, come indicato al punto 4 del Decalogo delle adunate. *A questa disposizione devono attenersi i proprietari dei cosiddetti "trabiccoli".*

TRICOLORE E PENNE NERE

Durante le adunate, le penne nere sul cappello degli Alpini si mescolano ai colori della bandiera italiana. Il bianco, il rosso e il verde sono i tre colori della bandiera italiana fin dai tempi del Regno d'Italia.

LE GRANDI ADUNATE

L'Adunata nazionale degli Alpini è una grande manifestazione a cadenza annuale, che si tiene ogni seconda settimana di maggio in una diversa città d'Italia, selezionata con due anni di anticipo, così che abbia il tempo di prepararsi a ospitare l'evento, dal Consiglio Direttivo Nazionale dell'Associazione Nazionale Alpini. Prima di designare la città prescelta, una commissione giudica le candidature e visita i luoghi per accertare la capacità ricettiva del territorio, la viabilità locale e la disponibilità degli enti pubblici.

L'adunata si svolge nell'arco di più giorni e raggiunge il culmine nell'ultima giornata, la domenica, quando diverse migliaia di Alpini sfilano in parata per le vie cittadine. Quest'ultima dura dal mattino fino alla sera, e vi partecipano gli Alpini, divisi per sezioni d'appartenenza, con i membri delle sezioni estere in testa al corteo; in coda sfilano gli Alpini della sezione che ospita la manifestazione, accompagnati dal suono delle fanfare. Il pubblico non è ammesso alla sfilata, cui possono prendere parte solo le autorità politiche locali e nazionali, e assiste all'evento ai lati del percorso, dietro le transenne oppure sulle tribune.

LE FANFARE DEGLI ALPINI

A destra. Una delle principali fanfare degli Alpini durante un'adunata: appartiene alla Brigata Alpina Taurinense.

Come già detto, la prima Adunata, all'epoca chiamata Convegno nazionale, si svolse nel 1920 sull'Ortigara, teatro della sanguinosa battaglia fieramente combattuta dagli Alpini durante la Grande

Guerra, mentre il secondo Convegno nazionale si tenne nel 1921 a Cortina d'Ampezzo, occasione in cui fu inaugurato il monumento dedicato al generale Antonio Cantore, opera dello scultore e Alpino Umberto Diano. Per il terzo Convegno, che celebrava il 50° anniversario della fondazione del Corpo, fu scelta Trento. Da lì, ne seguirono molti altri (a partire dal 1929 non più "convegni" ma "adunate") fino al 1940, quando si tenne a Torino la 21ª Adunata, mentre la Divisione Julia era già in Albania da un anno, che vide molti militari in sfilata portare sul cappello la cartolina-precetto.

Nel 1948, dopo sette anni d'interruzione, ripresero le adunate nazionali organizzate dall'ANA e la località prescelta fu Bassano del Grappa: fu la prima riunione degli Alpini di tutta Italia dopo la guerra e la prima occasione di incontro per coloro che avevano combattuto vittoriosamente nella Prima guerra mondiale e i meno fortunati combattenti della Seconda guerra mondiale. In seguito, particolarmente significative furono la 26ª Adunata del settembre del 1953 a Cortina d'Ampezzo, dove 1.000 Alpini e 500 austriaci si incontrarono e si strinsero la mano, e quella del 1994, la 67ª, che fu ospitata a Treviso, dove 300.000 Alpini sfilarono per circa 3 chilometri tra gli applausi di una folla in delirio.

Ancora oggi, le manifestazioni si susseguono, ogni volta con la sentita e grande partecipazione di una folla festante. Non c'è città che rimanga fredda al passaggio degli Alpini e che non condivida la loro stessa speranza: un avvenire migliore per l'Italia e per gli italiani.

IL CENTENARIO

Sopra. La 45ª adunata degli Alpini del maggio del 1972 coincise con il centenario della formazione del Corpo. A quella manifestazione parteciparono circa 200.000 persone.

"L'ALPINO", IL GIORNALE DELL'ANA

DA CENT'ANNI LA VOCE DEGLI ALPINI IN ITALIA E IN TANTI ALTRI PAESI

6

«ORGANO SETTIMANALE DEGLI ALPINI SORTO PER SPIRITO DI CORPO, NON ASSERVITO A NESSUNO, CON IL PROGRAMMA DI ESALTARE IL NOSTRO BEL SOLDATO.» QUESTA LA PRESENTAZIONE DEL NUOVO SETTIMANALE, POI QUINDICINALE E OGGI MENSILE, USCITO PER LA PRIMA VOLTA IL 24 GIUGNO DEL 1919.

Poco dopo la fine della Prima guerra mondiale, tre ufficiali alpini appena usciti dalla caserma dell'8° Reggimento Alpini di Udine, Italo Balbo, Aldo Lomasti ed Enrico Villa, stavano passeggiando per le vie di Udine quando, passando davanti a un'edicola, ebbero l'idea di fondare un giornale che raccontasse le storie degli Alpini e fosse un punto di riferimento per tutto il Corpo. Tornati in caserma, i tre si attivarono immediatamente e, ottenuto il benestare del colonnello Costantino Cavarzerani, cominciarono a organizzare e poi a comporre il primo numero de "L'Alpino". Dopo pochi giorni, nel giugno del 1919, il giornale fece la sua prima comparsa in 2.500 copie stampate, andate esaurite nel giro di soli due giorni. Italo Balbo fu il primo direttore del giornale, ad Aldo Lomasti fu assegnato il compito di revisore di bozze, mentre Enrico Villa divenne l'amministratore. Questa storia viene riportata dallo stesso Villa, a grande richiesta dei lettori, in un articolo pubblicato su "L'Alpino" del 1° agosto del 1923.
Da quel lontano periodo tutto è cambiato, ma "L'Alpino" è ancora presente nelle edicole, è tuttora l'organo ufficiale, oggi a cadenza mensile, dell'Associazione Nazionale Alpini ed è diretto da Monsignor Bruno Fasani. La rivista si rivolge a tutti gli Alpini, in servizio e in congedo, sia in Italia sia all'estero, riportando tutte le attività delle sezioni e dei gruppi, e riferendo le tantissime iniziative locali che arricchiscono il calendario dell'ANA ogni mese. Oltre a ciò, affronta anche temi di carattere generale che riguardano sia la protezione civile sia la difesa, esponendo pareri e suggerimenti che provengono da ogni angolo d'Italia e del mondo. A parte il personale dell'amministrazione e della segreteria, i collaboratori non percepiscono emolumenti.

● **ITALO BALBO**

Alpino nella Grande Guerra, aviatore divenuto famoso per le trasvolate, ministro e governatore della Libia, fu il primo direttore de "L'Alpino", testata che fondò insieme a due suoi commilitoni.

IL CALENDARIO STORICO

Parallelamente a "L'Alpino", l'ANA pubblica anche un calendario storico, arricchito da molte illustrazioni in pagine di grande formato, che ogni anno viene dedicato a un aspetto particolare della vita e delle opere dell'associazione. Vengono illustrate le ricorrenze più significative per il Corpo, senza trascurare l'epopea delle truppe alpine, dalla nascita fino ai nostri giorni.
Per esempio, l'edizione del calendario del 2009 è stata dedicata ai 90 anni dell'ANA, quella del 2011 ha celebrato il 150° anniversario dell'unita d'Italia e quella del 2012 ha ricordato i 140 anni dalla creazione del Corpo. L'edizione del 2014 ha dato un particolare rilievo al tema della solidarietà, alle attività associative e di volontariato; infine, l'edizione del 2018 è stata dedicata al centenario della Grande Guerra.

Anno II - N. 1 — Milano, 5 Gennaio 1920

L'ALPINO

(Conto corrente con la Posta)

Redazione: MILANO - Via Silvio Pellico, 8
Abbonamento annuo sostenitore . . . L. 25,—
" " ordinario . . . " 10,—

ASS. NAZION. ALPINI — MCMXIX MILANO

Giornale quindicinale della ASSOCIAZIONE NAZIONALE ALPINI
(Distribuito gratis ai soci)
"L'ALPINO" venne fondato presso l'8° Reggimento Alpini

Apoliticità

Mettiamo le cose in chiaro. A scanso di equivoci futuri.

L'A.N.A. è rigidamente apolitica.

E' quindi naturale che il giornale che ne è veramente la "voce" segua tale indirizzo.

Ma l'apoliticità non è concepita da noi sotto l'aspetto di quell'atto chirurgico che si usa fra i seguaci di Allah.

La politica dello struzzo non è la nostra.

Sia noto che attaccati, contrattaccheremo.

Contro tutto ciò che rappresenta offesa all'onore alpino reagiremo furiosamente.

Tirati per i capelli poco o tanto, depileremo gli avversari.

Chiamati direttamente in causa, risponderemo sempre.

E con ciò crediamo di aver ben definita quella che sarà la nostra "virile apoliticità".

Perchè la guerra è cosa nostra.

Perchè come combattenti che abbiamo "fatto la guerra", sentiamo imperioso il dovere ed il diritto di difendere fino all'estremo l'opera nostra.

Perchè la patria è per noi qualche cosa di talmente alto che non permetteremo mai che si attenti alla sua maestà.

Noi non faremo della politica. L'A.N.A. non ha etichette. Ha soltanto un paio di mostrine. Ed i suoi soci, oltre le mostrine, hanno un paio di altre cose.

Durante i recenti moti di Milano LA SOLA BANDIERA che non abbia ripiegato, che sia rimasta SEM-

RIVIVERE

Venuti gli uni dai campi di battaglia delle nevose frontiere, gli altri dai luoghi della rude prigionia, ci siamo ritrovati all'indomani della vittoria, oltre le rovine ammonticchiate, di fronte al lumeggiante chiarore della compiuta realizzazione, in un comune palpito di memorie e di speranze. Ed abbiamo sentito che la comunità degli sforzi, il sacrificio che ci fu eguale, la consuetudine di una vita comune esercitata nell'affettuosità fraterna attraverso i pericoli e le minacce, le sofferenze e gli ardori, debbono oggi non consentire che ciascuno di noi riprenda il proprio posto nella vita sociale senza tener desti tutti i legami dell'ieri a risuscitare di volta in volta il purissimo amore che ci tenne e ci condusse in solidarietà di sforzi fino alla meta definitiva. E ci serrammo perciò nuovamente vicini e ci ripromettemmo di creare di noi e con noi un organismo nazionale che degli alpini serbasse le tradizioni piene, le consuetudini di forza tenace e di tenaci voleri.

E sorgemmo quali siamo, e facemmo appello ai tanti commilitoni affinchè i decimati Battaglioni ora deserti dei vecchi loro militi generosi e fedeli, avessero nella vita civile quasi una copia di sè nell'organizzazione nostra, che serra di già nelle sue file la maggior parte di quegli umili silenziosi soldati d'Italia che nella nostra specialità furono le scol-

stra di tener vive tutte le memorie; accese tutte le fiamme delle tradizioni gloriose; volontà che non si fossilizza nella considerazione dell'ieri, ma che dall'eloquenza dei fatti e delle realtà vissute, prende le mosse per la perpetuazione del domani, dell'eroico sentimento del dovere, della fermezza delle opere che distinsero e fecero gloriosi i nostri battaglioni di forti, le nostre falangi di vigorosi.

E sia tutto qui il nostro orgoglio, tutta qui la nostra fierezza, nella coscienza sicura di aver dato noi alla patria nel giorno del suo travaglioso cimento, il meglio di noi stessi, il disciplinato fervore delle nostre giovinezze che nell'austero silenzio delle alpi scavate di trincee, solcate di reti spinose, di fronte alla maestà delle cose perenni, seppero moltiplicare se stesse, far di acciaio i muscoli giovani, far di tenacia le volontà già oscillanti, e, nell'acquisito proposito di conquista e di vittoria, superare l'imprevisto, vincere le difficoltà più acerbe, realizzare la gloria attraverso il sanguigno rosseggiare di cento battaglie vittoriose.

Così! E non è nel nostro programma che questo volere; che il desiderio potente di tener desti in noi e fuori di noi gli episodi della nostra vita di guerra, i fulgidi episodii del Corpo, per i quali tutto un canto di benedizioni, tutto un inno di ammirati sentimenti ascese verso di noi dal Pae-

tiche, di irrequietezze di classe, ma tener mondo di macchie e di miserie il nostro vecchio grigio verde e la nostra penna, ma fare di essi lo scheletro di una vita migliore laboriosa e feconda, fattiva e generosa nell'oggi e del domani, aver sempre desta e luminosa la memoria del nostro passato di combattenti gloriosi.

A voi compagni tutti l'adesione del pensiero, la solidale simpatia dello spirito!...

In questo foglio noi faremo rivivere tutti i più fulgidi episodi dei quali fummo partecipi o protagonisti, affinchè nei giorni che verranno l'opera nostra possa risapersi limpida, non attenuata dal tempo e dallo spazio, e si sappia con essa valutare il contributo che alla vittoria d'Italia seppero dare i suoi Alpini silenziosi.

CAPITANO VITTORIO BOSONE.
(*Battaglione Valtellina*).

Abbiamo vinto!

Dobbiamo urlarlo senza stancarci, con tutta la possa dei nostri polmoni alpini, da mattina a sera, in ogni angolo del mondo:

Abbiamo vinto!
Abbiamo vinto!
Abbiamo vinto!

E quando avremo finito, dobbiamo ricominciare finchè il paese, il mondo intero non sia

L'EVOLUZIONE DELLE TESTATE

In alto. Tre diverse testate de "L'Alpino", rispettivamente del 1936, del 1953 e del 1979.

IL PRIMO NUMERO

Stampato in 2.500 copie, il primo numero de "L'Alpino" andò esaurito in pochi giorni, con molte prenotazioni raccolte per il secondo numero.

UN FATTO

Oltre a pubblicare il mensile "L'Alpino" la cosiddetta stampa alpina vanta altre 74 testate di sezione e un centinaio di notiziari di gruppo, raggiungendo così un milione e mezzo di lettori. I responsabili delle diverse testate alpine si riuniscono ogni anno in convegni itineranti allo scopo di discutere tematiche varie di interesse associativo.

SCRITTORI

Le guerre combattute e le molte vicissitudini superate dagli Alpini, nelle cui file sono stati arruolati anche grandi letterati, ci hanno consegnato una lunga serie di testi sulla storia d'Italia. **Il periodo più prolifico è da ricondurre alle due guerre mondiali, in particolare alla Seconda;** in seguito, con il cambiare dei tempi e del modo di combattere, anche lo stile letterario andò trasformandosi fino allo scenario odierno, talmente diverso che le nuove testimonianze di guerra non sono quasi più scritte a mano, ma su un blog. Ne è un perfetto esempio Mario Renna, oggi tenente colonnello degli Alpini, che qualche anno fa fece seguito a un blog dei soldati della Brigata Alpina Taurinense, da lui stesso creato, dando campo ai soldati in missione in Afghanistan nel suo libro-diario *Ring Road. Sei mesi con gli Alpini in Afghanistan* (2011). Quella che segue non vuole essere una storia della letteratura né una serie di biografie alpine, ma una piccola raccolta di spunti letterari che hanno sempre come protagonisti gli Alpini.

Cominciamo da **Piero Jahier (1884-1966), scrittore e poeta chiaramente antifascista,** che diresse un giornale di trincea, "L'Astico", e che nel 1920 pubblicò la sua più famosa opera in prosa,

IL PONTE DI BASSANO

Nel 1918, gli Alpini passano sullo storico ponte dopo la vittoria, evento dal quale nascerà la celebre canzone alpina: «Sul ponte di Bassano noi ci darem la mano e un bacin d'amor...». L'11 e 12 maggio del 1991 nella città veneta si svolse la 64ª Adunata nazionale, ricordata nella cartolina emessa per l'occasione.

APPROFONDIMENTO

ARTHUR CONAN DOYLE. *Il creatore di Sherlock Holmes ebbe occasione di conoscere gli Alpini nel maggio del 1916, quando il Ministero della Guerra britannico lo inviò in Europa a visitare le linee di battaglia dei tre grandi alleati occidentali. Doyle espresse giudizi molto positivi sulle truppe italiane, in particolare sugli Alpini, il cui spirito combattivo fu paragonato a quello degli antichi Romani. Lo scrittore raccolse le sue impressioni nel libro* A visit to three fronts: glimpses of the British, Italian and French Lines *(1916), una raccolta di tre articoli precedentemente pubblicati su altrettanti quotidiani.*

Con me e con gli Alpini, in cui racconta la sua esperienza di tenente istruttore di un reparto alpino durante la Grande Guerra.

Non possiamo non citare un altro autore la cui vita coincise con la storia degli Alpini, Giulio Bedeschi (1915-1990), che di sé dava la seguente definizione: «Alpino, medico e scrittore». Le sue opere sono riferite in particolare alle vicende degli Alpini durante la Seconda guerra mondiale. Arruolatosi come volontario per la campagna di Grecia, partecipò come sottotenente medico alla campagna di Russia, riuscendo a sopravvivere alla ritirata. Le esperienze vissute furono la base del celeberrimo *Centomila gavette di ghiaccio*, che fu pubblicato solo dopo una lunga serie di rifiuti. A esso seguirono *Il peso dello zaino*, *Gli italiani in Russia*, *Nikolajewka: c'ero anch'io*, *Fronte greco-albanese: c'ero anch'io*,

UN'OPERA CULTO

Centomila gavette di ghiaccio, *pubblicato nel 1963, è il romanzo autobiografico di Giulio Bedeschi che narra la sua esperienza di Alpino in Russia. Al 2011 il libro aveva venduto oltre quattro milioni e mezzo di copie.*

PAOLO MONELLI

Il giornalista, scrittore e militare italiano ripreso nel suo studio in una fotografia degli anni Cinquanta del secolo scorso.

● **SULL'ORTIGARA**

Mario Rigoni Stern ritratto durante la partecipazione alla 79ª Adunata nazionale del 13 maggio del 2006.

● **UNA FRASE**

«Sono riuscito a sganciarmi dal mio caposaldo senza perdere un uomo, e riuscire a partire dalla prima linea [...]; quello è stato il capolavoro della mia vita» disse Rigoni Stern riferendosi alla Russia.

Fronte d'Africa: c'ero anch'io; *Fronte russo: c'ero anch'io* e *Il Corpo d'Armata Alpino sul fronte russo*. Infine, nel 2004 uscì postumo *Il segreto degli Alpini*.

Il più alto esempio di soldato letterato del Novecento è stato incarnato da Mario Rigoni Stern (1921-2008) che partecipò come volontario alla campagna di Russia e fu coinvolto nella tragica ritirata. Tornato in Italia, fu preso prigioniero dai tedeschi e deportato in un campo di concentramento in Prussia orientale; liberato dai sovietici, tornò in Italia a piedi giungendovi il 5 maggio del 1945. In Italia iniziò la sua vita da scrittore con il romanzo *Il sergente nella neve* (1953), che divenne in poco tempo uno dei classici del Novecento.

Un altro illustre esempio di Alpino letterato è rappresentato da Carlo Emilio Gadda (1893-1973) che fu fatto prigioniero durante la Grande Guerra e deportato in Germania; dall'esperienza della guerra e della prigionia, dopo la rotta di Caporetto, nacque il *Giornale di guerra e di prigionia*, che venne pubblicato solo nel 1955.

Un Alpino molto discusso è stato Curzio Malaparte, nome d'arte di Kurt Erich Suckert (1898-1957), le cui esperienze vissute nel 1940 durante la campagna in Grecia furono la base per il suo primo romanzo, *Kaputt* (1944). Nel novembre del 1943 fu arrestato dal controspionaggio alleato, con cui decise di collaborare; nel 1944 si avvicinò al PCI, cosa che gli costò l'accusa di camaleontismo.

Impossibile non citare lo scrittore Paolo Monelli (1891-1984) che partecipò alla Prima guerra mondiale come ufficiale degli Alpini, finendo prigioniero. La sua esperienza sarà al centro dei suoi libri *Io e i tedeschi* e *Le scarpe al sole*. Pochi giorni dopo l'armistizio dell'8 settembre del 1943, durante l'occupazione tedesca di Roma, Monelli fu imprigionato nel carcere di Regina Coeli, vicenda che egli rievocò nel libro *Roma 1943*.

Altro volontario nelle file alpine fu Salvator Gotta (1887-1980), che si arruolò nel 1915. Dalla sua esperienza nacque nel 1926 il romanzo per ragazzi *Il Piccolo Alpino*, il cui protagonista, Giacomino Rasi, nel 1935 diventò un piccolo squadrista in *L'altra guerra del piccolo alpino* e, infine, nel 1938 ancora personaggio principale di *Piccolo legionario in Africa Orientale*. Anche nel dopoguerra Gotta continuò a scrivere romanzi di evasione.

Benvenuto "Nuto" Revelli (1919-2004) partì, sempre come volontario, nel 1942; combatté sul fronte russo, visse la ritirata e,

NOME D'ARTE

In basso a sinistra. Lo scrittore e giornalista Kurt Erich Suckert, che durante la Seconda guerra mondiale fu ufficiale degli Alpini, è meglio noto con lo pseudonimo di Curzio Malaparte.

CARLO EMILIO GADDA

Il grande scrittore del Novecento, qui ripreso in una fotografia del 1960, fu anche un ardente patriota. Si arruolò come volontario durante la Grande Guerra proprio tra le file degli Alpini.

OMAGGIO AI VALOROSI

Dopo il ritorno dal fronte greco il 5° Reggimento Alpini viene decorato con la medaglia d'oro da re Vittorio Emanuele III in una cerimonia tenutasi a Torino; disegno da una copertina de "L'Illustrazione Italiana".

al rientro in Italia, divenne comandante partigiano. Dopo la guerra scrisse il libro *Mai tardi. Diario di un alpino in Russia.*

Infine, ricordiamo **Egisto Corradi (1914-1990)** che nella prefazione del suo libro *La ritirata di Russia*, scrive: «Sono uno dei non molti scampati ai contemporanei setacci del fuoco e del gelo».

EROI E MEDAGLIE D'ORO

Gli Alpini, come tutti gli altri corpi, hanno avuto molti eroi e martiri. Per la brevità dello spazio a disposizione ne ricordiamo solo alcuni.

Iniziamo con **Carlo Giordana** (1865-1916) che, con il grado di colonnello, combatté alla testa del 4° Reggimento Alpini sul monte Mrzli. Chiamato a comandare una brigata di fanteria, si recò sull'altopiano d'Asiago dove cadde valorosamente durante una ricognizione.

Il trentino **Antonio Gioppi** (1863-1916), colonnello del 7° Reggimento Alpini partì per il Cadore e poi, al comando del 70° Reggimento Fanteria, meritò una medaglia d'argento a Oslavia. Richiamato tra gli Alpini, partecipò alla conquista del Dente, occupato, perduto e ripreso innumerevoli volte. Durante l'ultima azione fu travolto da un'esplosione e spirò il giorno seguente.

UN FATTO

Le onorificenze al valor militare sono assegnate non solo a singoli militari, ma anche a interi reparti non inferiori alle compagnie o ai comandi.

APPROFONDIMENTO

LA PRIMA MEDAGLIA D'ORO DEL CORPO DEGLI ALPINI. *Fu assegnata al capitano Pietro Cella, caduto nella battaglia di Adua, con la seguente motivazione: «Comandante delle compagnie 3ª e 4ª distaccate sulla sinistra dell'occupazione di Monte Raio, le tenne salde in posizione contro soverchianti forze avversarie finché furono pressoché distrutte, e combattendo valorosamente lasciò la vita sul campo prima di cedere di fronte all'irrompente nemico. Adua (Eritrea) 1° Marzo 1896». All'eroe di Adua sono intitolate una caserma a Schio e le "5 Sale Alpine" della fortezza di Bardi.*

NICCOLÒ GIANI

L'ufficiale greco che lo colpì a morte ne riconobbe con ammirazione il coraggio nello scontro. Le sue azioni sul fronte greco-albanese gli valsero la medaglia d'oro.

Aldo Beltricco (1892-1916) allo scoppio della guerra era sottotenente nel Battaglione Ceva del 1° Reggimento Alpini. Il 9 settembre del 1916 si trovava sul Pasubio quando ricevette l'ordine di conquistare le posizioni austriache. Morì il giorno successivo, durante l'attacco.

Da menzionare anche **Antonio Ciamarra** (1891-1967), aspirante ufficiale del 3° Reggimento Alpini, Battaglione Moncenisio, che, inviato sul monte Grappa, raggiunto nella notte del 27 novembre il monte Tomba, lanciatosi all'attacco e visto cadere il proprio capitano, assunse il comando della compagnia e, sebbene gravemente ferito, prese possesso del monte. In ospedale subì l'amputazione del braccio destro; gli fu poi concessa la medaglia d'oro al valor militare.

E ancora, **Niccolò Giani** (1909-1941), giornalista e filosofo: partito volontario per la guerra nell'11° Reggimento Alpini, prese parte alla battaglia delle Alpi Occidentali contro la Francia, guadagnando la medaglia d'argento al valor militare. A febbraio ripartì come volontario per la campagna di Grecia, dove cadde sul fronte greco-albanese.

ANNIBALE PAGLIARIN

Medaglia d'oro al valor militare concessa al sergente maggiore caduto sul fronte greco nel 1940, in una cartolina commemorativa.

LE MEDAGLIE D'ORO

Sopra a sinistra. Medaglia concessa dal Regno di Sardegna e dal Regno d'Italia; a destra, quella conferita dalla Repubblica Italiana.

ANTONIO CIAMARRA

Il re Vittorio Emanuele III consegna la medaglia d'oro al sottotenente del 3° Reggimento Alpini che aveva combattuto valorosamente sul Monte Tomba nel novembre del 1917. Ciamarra, essendo mutilato, ritira l'onorificenza con la mano sinistra.

Adolfo Serafino (1920-1944), fu nominato comandante del Battaglione Alpini Pinerolo nel 1941 e inviato in Jugoslavia. Dopo l'8 settembre, fu incaricato dal governo del Sud di infiltrarsi nel neocostituito esercito di Salò; fino al maggio del 1944 riuscì a far passare informazioni, ma, sospettato, fu incarcerato. Nell'autunno del 1944 divenne capo di stato maggiore della Divisione Alpina Val Chisone. Cadde in uno scontro con i nazifascisti.

Nato a Trento nel 1875, **Cesare Battisti** abbracciò la causa irredentista durante gli studi universitari intrapresi a Firenze e, al ritorno nella città natale, fondò il settimanale "L'avvenire del lavoratore", di chiare tendenze socialiste. Nel 1911 fu eletto deputato al Parlamento di Vienna e, nel 1914, divenne deputato del Trentino alla Dieta del Tirolo. Quando scoppiò la guerra, passò in Italia e divenne uno dei massimi esponenti dell'interventismo democratico insieme a Gaetano Salvemini e Leonida Bissolati. Quando l'Italia entrò in guerra contro gli imperi centrali si arruolò volontario nel 5° Reggimento Alpini, come semplice soldato, e fu destinato al Battaglione Edolo. Il 23 e il 25 agosto nei fatti d'armi dell'Albiolo guadagnò la prima medaglia al valor militare. Nominato sottotenente, nella primavera del 1916 fu messo a capo della 2° Compagnia di marcia del Battaglione Vicenza. Il 10 luglio fu preso prigioniero dagli Austriaci sul Monte Corno e da lì condotto a Trento per il processo come traditore. Invano rivendicò il suo diritto di combattente: dalle autorità del suo paese natio, in quanto cittadino austriaco, fu

UN FATTO

Sul labaro dell'ANA sono appuntate 209 medaglie d'oro al valor militare: di queste, 16 sono quelle conferite ai reparti e 193 quelle individuali.

considerato un traditore e pertanto condannato a morte per impiccagione. Il 12 luglio fu condotto nel castello del Buonconsiglio, dove era stata preparata la forca e, secondo la versione accreditata dalla storiografia italiana, morì gridando: «Viva Trento italiana! Viva l'Italia!». Insieme a lui trovò la morte sullo stesso patibolo il suo compagno e conterraneo Fabio Filzi.

Fabio Filzi (1884-1916), di sentimenti italiani, come altri ottocento trentini, disertò l'esercito austroungarico per combattere come volontario nel Regio esercito italiano. Nel luglio 1915, nominato sottotenente, fu assegnato al 6° Reggimento Alpini mentre, nel frattempo, in Austria era processato per tradimento e diserzione. Venne catturato sul Monte Corno il 10 luglio del 1916 insieme a Cesare Battisti.

In ultimo va ricordato che molte decorazioni sono state assegnate anche ai reparti. Questo è l'elenco dei reparti alpini che hanno meritato di essere decorati con medaglie d'oro al valor militare: nella Prima guerra mondiale il 4° Reggimento Alpini Battaglione Aosta; nella campagna di Grecia il 5° Reggimento Alpini, l'8° Reggimento Alpini, il 9° Reggimento Alpini e il 3° Reggimento Artiglieria Alpina; sul fronte russo il 1° Reggimento Alpini, il 2° Reggimento Alpini, il 5° Reggimento Alpini, il 4° Reggimento Alpini Battaglione Monte Cervino, il 6° Reggimento Alpini, l'8° Reggimento Alpini, il 9° Reggimento Alpini, il 2° Reggimento Artiglieria Alpina, il 3° Reggimento Artiglieria Alpina e il 4° Reggimento Artiglieria Alpina; infine, in Montenegro il Gruppo Artiglieria Alpina (1° Reggimento).

I MARTIRI TRENTINI

Il sottotenente Fabio Filzi e il tenente Cesare Battisti furono impiccati a Trento nel luglio del 1916, pochi mesi dopo la fucilazione del sottotenente Damiano Chiesa, giustiziato nel mese di maggio.

INDICE DEI NOMI

BIBLIOGRAFIA ESSENZIALE

Alpini in Afghanistan: diario dell'ultima missione della Taurinense nel paese degli aquiloni, Susalibri, Sant'Ambrogio di Torino, 2013.

AA.VV., *Alpini storia e leggenda*, vol. I-II-III, Compagnia Generale Editoriale, Milano, 1981

Battaglione alpini Tirano, Abat, sl, 2011

BEDESCHI G., *Centomila gavette di ghiaccio*, Mursia, Milano, 1963.

BRESSANI C., *Gli alpini di Cantore in Libia*, Reggimento Alpini, Roma, 1935.

BRUNELLO F., *Le parole degli alpini*, Rossato, Milano, 1987.

CARUSO A., *Tutti i vivi all'assalto*, Longanesi, Milano, 2003.

CENCI N., *Ritorno*, Mursia, Milano, 1991.

CHIAVAZZA C., *Scritto sulla neve*, Città armoniosa, Reggio Emilia, 1980.

CUCUT C., *Penne Nere sul confine orientale. Storia del Reggimento Alpini Tagliamento 1943-1945*, Marvia Edizioni, Voghera, 2008.

DELLEANI V., *Non vogliamo encomi: cronache del 30° Battaglione guastatori nella campagna di Russia, 1942-1943*, Mursia, Milano, 1996.

DE ZOLT G., *Gli alpini da Abba Garima a Nikolajewka*, Panfilo Castaldi, Feltre, 1958.

FALDELLA E., *Storia delle truppe alpine: 1872-1972*, Cavallotti Landoni, Milano, 1972.

GADDA C.E., *Giornale di guerra e di prigionia*, Milano, Garzanti, 2002.

GARELLI F., *Con gli alpini in A.O.*, Treves, Milano, 1937.

GAZZA G., *Urla di vittoria nella steppa: fronte russo 1943, gli alpini del Val Chiese a Scheljakino, Malajewka w Arnautowo*, Mursia, Milano, 1996.

GILBERT M., *La grande storia della Prima guerra mondiale*, Mondadori, Milano, 2000.

IOVINO G.D., *Le glorie delle truppe alpine nel centenario della fondazione*, Teate, Chieti, 1972.

JAHIER P., *Con me e con gli Alpini*, Libreria della Voce, Firenze, 1919.

LA SERRA R., (a cura di), *Il battaglione guastatori alpini Valanga della X Flottiglia MAS*, se, sl, 1999.

MORANDI G., *Alpini, dalle Alpi all'Afghanistan*, Poligrafici editoriali, Bologna, 2003.

OLIVA G., *Storia degli alpini*, Mondadori, Milano, 2010.

PETACCO A., *L'Armata scomparsa*, Mondadori, Milano, 1998.

PROSPERIO P., *Le battaglie degli alpini: dalle origini alla campagna di Russia*, Varesina editrice, Azzate, 1972.

REVELLI N., *La strada del davai*, Einaudi, Torino, 1980.

RIGONI STERN M., *Il sergente nella neve, Ritorno sul Don*, Einaudi, Torino, 1991.

RIZZA M., *I nostri battaglioni alpini*, Manfrini, Calliano (Trento), 1987.

ROSSINI R. - AMBROSINI P., (a cura di), *Alpini in cartolina*, Regione Veneto, Venezia, 1984.

SARCINELLI U., (a cura di), *Julia, storia dei suoi Alpini 1949-2009*, Selecta, Udine, 2009.

SCOTONI G., *L'Armata Rossa e la disfatta italiana (1942-43)*, Casa editrice Panorama, Trento, 2007.

SEZIONE ANA DI CREMONA, (a cura di), *Le cartoline delle Adunate degli Alpini*, Banca Regionale Europea, Cremona, 1999.

SIGNORINI M., *Le armi degli Alpini dall'Ottocento a oggi*, Walmar, Brescia, 2007.

SORA G., *Con gli alpini all'80° parallelo*, Mondadori, Milano, 1929.

THOMPSON M., *La guerra bianca*, il Saggiatore, Milano, 2009.

VERDUA E. - PERABÒ P., *Nulla è cambiato: Jugoslavia 1943-1944, da ufficiali degli alpini a partigiani*, Bellavite, Missaglia, 2005.

VIAZZI L., *1940-1943. I Diavoli Bianchi. Gli sciatori nella Seconda guerra mondiale. Storia del Battaglione Monte Cervino*, Mursia, Milano, 2016.

VOLPATO P., *Ortigara: calvario degli alpini*, Itinera, Bassano del Grappa, 2004.